Physiologie du Chant.

VINCHON, Imprimeur, rue J.-J. Rousseau, 8.

Stéphen de la Madelaine

PHYSIOLOGIE

DU CHANT,

PAR

STÉPHEN DE LA MADELAINE,

EX–RÉCITANT A LA CHAPELLE ROYALE ET A LA MUSIQUE
PARTICULIÈRE DE LA CHAMBRE DU ROI.

PARIS.

Desloges, Éditeur d'Ouvrages d'art et de science,
39, rue St-André-des-Arts.

—

1840.

Première Partie.

De l'enseignement public et particulier du chant.

CHAPITRE Ier.

Les Professeurs de Chant.

Nous avons les manuels encyclopédiques pour chaque profession ; toutes les parties de la science et de l'art en général ont été traitées méthodiquement en forme de *vade mecum*, par des hommes spéciaux ; et si ces résumés ne sont point suffisans, quoi qu'en disent leurs prospectus, pour enseigner convenablement la science ou l'art qu'ils embrassent, ils en contiennent du moins les principes généraux ; on peut y puiser au besoin d'utiles renseignemens, des documens officiels et qui font loi dans la matière.

Non seulement les sciences et les arts ont leurs traités à part, mais les métiers eux-mêmes ont leurs rhéteurs qui ont expliqué dans de bons petits livres les principes fondamentaux et jusqu'aux secrets qui peuvent contribuer à fixer la vogue. Nous avons le *Manuel du Jardinier*, le *Manuel du Tailleur de pierre*, le *Manuel du Bijoutier*, qui sont, au dire des experts, d'excellens ouvrages à consulter, tant par les jardiniers, par les tailleurs de pierre ou par les bijoutiers, que par ceux qui les emploient. Nous avons tout cela et bien d'autres choses encore ; mais le chant, cette portion si essentielle du grand art de la musique, n'a été l'objet d'aucun traité purement littéraire ou esthétique ; car les volumineuses méthodes qui existent sont, à proprement parler, des solféges ou des recueils de vocalise, contenant des exercices plus ou moins utiles et qu'on peut pratiquer avec succès sous la direction d'un bon maître. Mais il n'y a pas, je l'ai souvent remarqué avec regret, de livre sur le chant qui puisse guider les amateurs dans la circonstance la plus simple et la plus importante, je ne dirai pas de leur première étude, mais de leur premier soin, c'est-à-dire dans le choix d'un professeur dont le genre de talent soit en rapport direct avec la science qu'il s'agit d'acquérir ; et il n'est point rare d'entendre dire par d'estimables mères de famille : « J'ai donné ma fille à un maître de chant dont personne ne contestera l'éminent savoir, c'est M***, première basse-taille de l'Opéra ou des Bouffes. »

Or, une chose que peu de gens savent (si ce n'est cependant toute une catégorie de chanteurs qui n'en diront rien et pour cause), c'est qu'une basse-taille, eût-elle le prodigieux talent de Lablache ou de Tamburini, ne peut donner que des conseils fort défectueux à un soprano ; par la raison toute simple qu'il ne peut prêcher d'exemple, attendu que la nature ne lui a point appris à vaincre les difficultés qui se rencontrent dans les travaux scolastiques d'une voix de soprano.

Mais encore les basses-tailles valent-elles mieux pour ce genre de professorat que les violonistes et les pianistes. Cependant les pianistes sont les maîtres de chant ordinaires de la petite propriété à

Paris, et dans les provinces où les pianos sont plus rares, ce sont les violonistes qui donnent des leçons de solfége et de vocalise à tout ce qui chante dans la localité. Je vais plus loin, beaucoup plus loin, et je ne serai pas au-delà de la vérité : les basses-tailles, les violonistes et les pianistes sont des professeurs très peu capables, lorsqu'on les sort de leur spécialité ; et cependant quand ces artistes-là sont de bons musiciens, quand ils ont le sentiment de l'art, leurs conseils (tout insuffisans qu'ils sont) ont quelquefois leurs bons côtés sous le rapport du goût et de l'habitude. Ces gens-là sont des aigles en comparaison des soi-disant professeurs de chant qui pullulent dans la capitale et qui ne sont ni basses-tailles, ni violonistes, ni pianistes.

Je m'explique :

Il y a dans Paris une classe d'hommes et de femmes dignes de tout l'intérêt des gens de bien, quoiqu'ils soient les fléaux de l'art, dans ce sens qu'ils en arrêtent les progrès matériels en flétrissant dans leur verdeur des épis qui pourraient, avec le temps, porter une riche moisson. Ces hommes et ces femmes sont ordinairement des personnes bien nées, bien posées dans le monde, et qu'un revers de fortune précipite tout d'un coup d'une condition élevée jusque dans les fondrières de l'indigence. Comme depuis assez longtemps c'est l'art qui est en possession de former le complément d'une bonne éducation, c'est-à-dire d'une éducation parfaitement inutile, ces heureux de la terre, frappés dans leur bonheur qui est leur fortune, et contraints de se construire une petite existence, font l'examen de leur capacité ; examen rapide et pourtant suffisant, car leurs capacités sont faciles à explorer. L'un se souvient qu'il jouait autrefois des contredanses sur le piano, cet autre a chanté la romance dans sa première jeunesse. C'en est assez : le joueur de contredanse et le chanteur de romance seront des professeurs de chant. Ils ont de nombreux amis qui les recommanderont, qui les introduiront partout ; voilà tout ce qu'il faut ; une leçon de chant s'obtient comme une place ou toute autre bonne chose. Tant pis pour l'élève ou pour la place ; le protégé est casé, on lui a donné du pain, l'humanité est satisfaite. Quant aux heureuses dispositions que l'ignorance du maître étouffe impitoyablement, elles s'étiolent au grand préjudice de l'art et s'en retournent où vont les génies méconnus et les vocations manquées.

Ces professeurs de chant, qui (je n'hésite pas à le dire et je le prouverais au besoin) forment la grande majorité du corps enseignant, me rappellent la gasconnade bien connue mais charmante de cet émigré français qui montrait à toute une honnête famille allemande le patois gascon pour de l'italien.

Eh bien ! si je faisais le Manuel du Chanteur dans le même but d'utilité publique qui a dirigé tous les autres faiseurs de Manuels, je m'attacherais à mettre les familles en garde contre les piéges que les officieuses recommandations leur tendent tous les jours ; si je n'obtenais pas que ces artistes improvisés n'exerçassent qu'en vertu de brevets de capacité, comme les professeurs de l'Université et les instrumentistes qui ont tous suivi les cours du Conservatoire, d'où ils ne sont sortis qu'avec un ou plusieurs prix, je m'efforcerais du moins de les classer de telle sorte et de désigner si nettement leurs attributs distinctifs, qu'il fût facile à l'amateur le plus naïf de s'en préserver à tout jamais.

Car ces prétendus maîtres poussent si loin l'audace de leur aplomb et l'ignorance de l'art qu'ils exploitent, qu'il suffirait du moindre effort pour les désarçonner, et que, pour ruiner sans retour toute cette coupable industrie, il ne s'agirait que de la traduire au grand jour de la publicité. Mais ce travail est tout entier à faire, et le traité dont je ne fais qu'esquisser ici les données générales est le premier coup de bêche enfoncé dans un champ dont je suis prêt à abandonner la culture à des mains plus habiles que les miennes.

Et toutefois, il est bon de faire remarquer une chose à ceux qui parcourront cet avant-propos d'un travail qui, tout circonscrit qu'il doive être , n'en formera pas moins une série de plusieurs chapitres ; il est bon de leur faire remarquer, disons-nous, que la meilleure position pour l'écrivain qui se pose en théoricien et en critique, est celle d'un artiste qui, après avoir obtenu d'honorables succès en récompense de longs et pénibles travaux, se serait fait émérite avant l'âge et traiterait une question artistique avec le désintéressement d'un amateur et l'expérience d'un praticien.

Ce n'est point à moi qu'il appartient de dire si cette position est la mienne ; mais en ma qualité d'ancien récitant de la chapelle et de la musique particulière de Charles X, je crois qu'il m'est permis de traiter une pareille matière *ex professo* et de parler un peu des maîtres du chant, quand nulle préoccupation mercantile, nul intérêt de rivalité quelconque, ne sauraient exercer de mesquines influences sur la rédaction toute consciencieuse du travail que je me suis imposé.

CHAPITRE II.

Classification des Voix.

Tout le monde connaît ce précepte contenu dans l'un des Manuels dont nous avons cité la nomenclature, le *Manuel du Cuisinier*, ou mieux *Cuisinier français :* « Pour faire un civet, prenez un lièvre. » Précepte infiniment plus judicieux et plus profond qu'on ne le croit communément, dans un pays où tant de gibelottes se font sans lapins. En effet, pour faire soit un civet, soit une gibelotte, soit toute autre chose, commencez par prendre les matériaux absolument nécessaires, ceux-là et non pas d'autres, sous peine d'obtenir des résultats erronés.

La vérité est une et s'applique aux principes de la science et de l'art aussi bien qu'à ceux de la cuisine. Ainsi, disons d'abord et avant tout, que pour faire l'éducation d'une basse profonde, d'une basse chantante communément appelée baryton, d'un ténor, d'un contralto, d'un soprano, il est indispensable de prendre chacun de ces chanteurs dans la véritable catégorie où la nature l'a placé.

Ceci est la base fondamentale de toute espèce d'étude vocale ; le simple bon sens suffit pour apprécier toute la justesse de ce principe ; il semblerait , j'en suis certain , à n'importe quel individu parfaitement étranger à la pratique et à la théorie de la musique , pourvu qu'il fût doué de quelque jugement, qu'aucun maître de chant ne pourrait commettre la ridicule bévue de prendre un baryton pour en faire un ténor, ou un contralto pour en faire un soprano.

Or, il importe ici de constater un fait qui semblera bizarre et qui est cependant très réel, c'est que l'erreur dont je parle (erreur grave, essentiellement préjudiciable aux élèves qui en sont les victimes, et aux intérêts généraux de l'art) est commise tous les jours, tant par les soi-disant professeurs de chant qui infestent les pensionnats et les familles , que par de vrais maîtres , par d'excellens musiciens qui enseignent hors de leur spécialité.

Prenez un professeur ayant une voix de ténor et confiez-lui l'éducation d'une voix de baryton. Si l'élève a déjà quelques commencemens, c'est-à-dire s'il s'est exercé lui-même à chanter quelques morceaux pour son agrément particulier ou pour celui de sa famille, soyez sûr que ces morceaux sont des romances ; et comme ces sortes de cantilènes cherchent rarement leurs effets dans les notes graves, qui sont beaucoup trop solennelles pour ces compositions, l'élève baryton a fait tous ses efforts pour engrener son organe dans la quinte moyenne qu'on y emploie ordinairement, et qui rend l'usage du *fa* et du *sol* au-dessus des lignes assez fréquent dans ces passages et même comme tenues de son. Le baryton se considère alors comme destiné à tenir l'emploi des *Martin*, maintenant classé comme ténor dans toutes les écoles de chant, et le professeur l'accepte tel qu'il se présente. Il s'applique loyalement à faire sortir le *fa* et le *sol* de poitrine, et quelquefois même un *la* rebelle et capricieux qui fait le désespoir de l'élève et de l'instituteur.

Ces malheureuses notes parviennent à sortir, car les résultats d'une étude persévérante sont vraiment incroyables ; mais elles sont criardes ou voilées, défectueuses en un mot ; parce qu'il n'y a de notes réellement bonnes que celles dont la nature a fait tous les frais.

Le baryton naturel s'est-il transformé au moyen de ces déplorables et trop efficaces études en un ténor tel quel, il est arrivé au résultat que voici : sa voix, qui

parcourait l'étendue de deux octaves
moins une note (échelle invariable de la
voix humaine), c'est-à-dire du *sol* grave
au *fa* aigu ou du *la* grave au *sol*, s'est
placée dans une échelle plus élevée d'un
ton ou deux, mais qui n'est pas plus
étendue qu'auparavant. L'élève a fait
l'acquisition de deux mauvaises notes supérieures, mais en même temps il a
perdu deux excellentes notes inférieures.
Le maître le console, en lui déclarant
que les ténors n'ont nul besoin de ces
notes-là, ce qui est vrai; mais ni le maître, ni l'élève ne réfléchissent à une
chose; c'est que le baryton devenu ténor
ne sera jamais qu'un chanteur médiocre
et impuissant dans le genre qu'il a
adopté, tandis qu'il eût été peut-être un
baryton remarquable.

On me répondra que de semblables fourvoiemens sont exceptionnels et qu'ils se présentent rarement dans l'enseignement particulier où ils sont le résultat de l'inexpérience du professeur. Je suis en mesure de prouver le contraire : les erreurs dont je parle sont nombreuses ; on y tombe, non seulement dans l'enseignement privé, mais dans les écoles publiques. Moi-même, j'ai été sur le point d'en faire, sur mon propre organe, une assez triste épreuve, au temps où je suivais au Conservatoire les leçons d'un maître illustre, mais ténor jusqu'au fond de l'ame, et je ne dus qu'à l'intervention de mon vénérable ami Lesueur, alors surintendant de la chapelle royale, la conservation des notes graves dont il avait besoin pour l'exécution de ses magnifiques oratorios.

Les exemples (des exemples fameux et irrécusables) ne manqueraient pas pour appuyer mon dire et porter la conviction dans tous les jugemens de bonne foi, dans tous les esprits éclairés ou non. Je n'en choisirai que deux, j'en pourrais citer mille.

Mlle Quiney, qui a pendant longtemps tenu l'emploi des mères-nobles à l'Académie royale de Musique, chantait avec quelque succès les rôles écrits pour soprano franc, tels que celui de la *Grande Vestale*, d'*Olympie*, etc. Mlle Quiney, devenue Mme Baptiste, eut, il y a quelque douze ans, l'heureuse mais tardive idée de modifier ses études. De soprano médiocre qu'elle était, cette dame devint un contralto accompli; son organe perçant et lourd dans les notes supérieures s'arrondit et prit une intensité remarquable lorsqu'il se fut reposé dans ses limites naturelles. Affranchie du travail violent qui seul pouvait la soutenir, sa voix s'assouplit d'une manière si étonnante, par la quiétude dont elle jouissait en parcourant le véritable espace qui lui appartenait, que Mme Baptiste parvint en peu de temps à exécuter d'une manière irréprochable les traits les plus compliqués.

Malheureusement l'emploi d'un contralto franc est encore à créer dans le répertoire de l'Académie royale de Musique; de sorte que Mme Baptiste, qui recevait un assez joli traitement pour chanter tant bien que mal des rôles qui n'étaient point dans ses moyens, dut cesser de faire partie du personnel de l'Opéra, du moment où elle fut devenue une cantatrice distinguée. Ceci est une anomalie passablement choquante, mais dont nous n'avons pas à nous occuper, dans ce moment du moins.

Mon autre exemple est une assez drôle d'histoire qu'on me permettra de raconter à ma guise, d'autant qu'elle n'est que plaisante et parfaitement inoffensive pour le professeur dont j'ai à parler.

Quelques semaines après les journées de juillet, de glorieuse et quelque peu mélancolique mémoire (c'était, je pense, au commencement de septembre 1830), un de mes collègues de la chapelle me présenta dans une matinée musicale une très jeune personne, excellente pianiste, et qui avait, selon lui, quelques petites dispositions pour le chant. Le collègue était un ténor ; je mentionne la circon-

stance, car les ténors, comme j'en ai fait
la remarque en vingt occasions, ont une
malheureuse tendance, que j'expliquerai
plus tard, à engager les voix basses dans
un mouvement ascensionnel. La jeune
demoiselle se destinait, je crois, au professorat du piano ; elle travaillait du moins
en artiste et ses succès donnaient de légi-
times espérances ; mais comme elle avait,
ainsi que je l'ai dit, quelques petites dispositions pour le chant et un filet de voix
agréable, elle cultivait ce talent surérogatoire pour ses récréations du soir sous
la direction du ténor dont il s'agit.

Je me souviens toujours de la modes-
tie charmante avec laquelle mon ami et
collègue me parla des données vocales de
sa petite élève.

— Je vous demande vos encourage-

mens, me dit-il, non pour la jeune personne elle-même, mais pour la famille
qui s'y montrera très sensible, le papa
surtout qui s'est entiché de la voix de sa
fille ; le fait est qu'elle a de la justesse et
de la flexibilité. Ce n'est pas, continua le
ténor, en élevant les mains par dessus sa
tête, dame ! ce n'est pas...... mais c'est
gentil.

Après ce préambule en forme de précaution oratoire, et qui me disposa, sinon
à l'indulgence, du moins à la résignation,
j'entendis une romance que Mme Damoreau avait prise en gré et qu'elle disait de
tous les côtés. La jeune et toute gracieuse
enfant avait, je vous l'assure, plus envie
de pleurer que de chanter ; elle retenait
sa voix avec une telle pureté d'exécution
qu'il ne sortait réellement de son joli go-

sier qu'un fort mince filet. Mais, en ma qualité de basse-taille, je reconnus le contralto sous le ridicule déguisement de soprano dont on l'avait affublée, et je me pris à rire comme le barbier des *Mille et une Nuits* devant le petit bossu qu'on croit mort.

Le collègue faisait tous ses efforts pour rire avec moi; mais le papa ne riait pas du tout, car il s'imaginait que sa fille faisait les frais de mon hilarité. Cette supposition injurieuse pour ma politesse ne tarda pas à s'évanouir. Je priai la gentille demoiselle de me céder le piano, et je fis un accord en *ut* majeur.

— A nous deux, lui dis-je; voulez-vous avoir la bonté de filer un son, n'importe sur quelle note.

—· Ma fille n'a qu'un filet, murmura le père d'un air contraint.

— Un simple filet, s'écria le professeur.

— Permettez, continuai-je ; nous allons examiner le filet.

La demoiselle posa un *ut* du médium et enfla légèrement le son.

— Plus fort, lui dis-je.

— Elle ne peut pas, répondit le maître.

— Ne vous inquiétez de rien.... plus fort, continuai-je.

La jeune fille doubla l'intensité du son.

— Encore plus fort, fis-je en plaquant de vigoureux accords sur le piano.

La portée du son se quadrupla.

— Maintenant la même note à l'octave... à pleins poumons !

La petite élève de piano nous fit entendre une superbe note de contralto, un peu rude, cela va sans dire ; mais pleine, sonore, étoffée ; puis un *si*, puis un *la*, et enfin deux octaves moins une note.

Maintenant, lui dis-je, quand le premier moment de la surprise générale fut passé, voici ce qui vous reste à faire. Allez trouver mon ami Garcia, le farouche More de Venise, qui est un homme de bon conseil ; faites-lui entendre ce filet de voix et nous verrons ce qu'il en dira.

Mon collègue et ami essaya de rire à son tour ; mais le papa, qui commençait à deviner que sa fille possédait autre chose que d'agréables dispositions et qui prenait la musique au sérieux, montrait depuis quelques minutes un surcroît de gravité. Il me serra la main avec effusion en me demandant l'adresse de Garcia.

Dès le lendemain, Garcia, le patriarche du chant, comptait un élève de plus. L'illustre maître mourut avant d'avoir expliqué tous les secrets de son art à la jeune fille, qui, je vous juré, comprenait son maître à demi-mot. Mais son fils, dépositaire de ce trésor de science, acheva la tâche commencée par son père; il fit plus et mieux encore, car la jeune fille dont je parle est aujourd'hui Mme Eugénie Garcia.

Je déclare que mon ancien collègue est un des meilleurs musiciens que je connaisse, un excellent professeur de chant, fort en état de faire de bons élèves; mais encore faut-il que ses élèves soient des ténors, autrement ils courraient le risque de le devenir, comme le baryton dont j'ai parlé.

CHAPITRE III.

Divisions de l'enseignement.

Si tous les jugemens désintéressés admettent, ainsi que je n'en saurais douter, l'importance extrême d'une bonne classification pour les voix, et s'il arrivait (ceci est plus chanceux) que ce principe fût officiellement reconnu dans les écoles publiques, il faudrait alors aviser aux moyens de lui donner une exécution rigoureuse et invariable. Il est bien entendu que si j'indique ces moyens, c'est seulement pour l'acquit de ma conscience, et que je suis bien convaincu d'avance de l'inutilité d'un pareil avis, car les obstacles matériels qui s'opposent aux améliorations paralysent souvent, je le sais, la bonne volonté d'une administration aussi éclairée que l'est celle du Conservatoire de musique, lors même que l'opportunité de l'amélioration lui serait démontrée, et celle dont je parle n'en est pas encore là.

Le premier de ces moyens consisterait à catégoriser les classes de chant de tout établissement public, de manière à les mettre en rapport direct avec la nomenclature naturelle des organes, c'est-à-dire de créer autant de divisions distinctes qu'il en existe dans celle de la voix humaine, et de confier chaque enseignement à un professeur que la nature de sa voix rendrait spécialement propre au genre de démonstration qu'il serait appelé à faire.

De cette manière un professeur soprano n'éprouverait plus l'irrésistible démangeaison de tourner les études de ses élèves *contralti* vers les notes supérieures, au détriment des cordes graves, et les professeurs ténors, dont le contact est d'autant plus périlleux pour leurs élèves barytons que leur talent est remarquable, se borneraient à développer les moyens naturels des ténors véritables, au lieu d'obtenir les transformations déplorables dont ils s'applaudissent comme d'autant de triomphes remportés sur la nature.

Chaque voix, travaillée dans la sphère exacte de ses moyens, aurait mille chances de plus d'arriver à d'excellens résultats ; car elle trouverait à chaque instant l'exemple à côté du précepte. Le maître joindrait alors, sans danger pour l'élève, la pratique à la théorie : il parlerait par expérience des difficultés qu'éprouve tel genre de voix à asseoir les notes fai-

bles qui forment la transition d'un registre à un autre, ou à prendre certaines
distances délicates à l'oreille, ou bien à
exécuter les divers exercices pratiqués
pour assouplir l'organe.

Je sais bien que cette classification serait difficile à obtenir dans les écoles publiques, parce qu'elle lèserait nécessairement une foule d'intérêts personnels et
qu'elle porterait atteinte au respect que
je professe tout le premier pour les droits
acquis; aussi je me borne à poser le principe, sans m'occuper des moyens d'exécution que le temps seul peut apporter.

Mais si dans les établissemens publics
mon idée est d'une pratique difficile,
dans les familles et dans les établissemens
particuliers l'exécution en éprouverait
bien d'autres obstacles. Que deviendrait
chaque professeur dans ce tohu-bohu,

dans ce chassez-croisez des voix qui chercheraient toutes le maître spécial qui conviendrait à leur nature? Comment indemniser les basses-tailles et les ténors qui instruisent actuellement les *contralti* et les *soprani* des pensionnats de demoiselles? N'est-il pas naturel de penser dès lors que ma pensée aura nécessairement autant de détracteurs et d'antagonistes qu'il y a de gens intéressés à en combattre les résultats?

Je le répète : le temps seul pourrait amener les améliorations que j'indique. De même que dans la Faculté de médecine on voit maintenant un certain nombre de savans docteurs se poser dans une spécialité qu'ils exploitent avec d'autant plus d'avantages pour eux et pour leurs malades, que leurs études, dirigées sur un seul point, acquièrent nécessairement

une puissance plus étendue et plus infaillible ; de même les jeunes professeurs de
chant pourraient former leur clientelle
conformément au genre exclusif de leur
talent.

Il resterait une dernière objection qui
n'est point sans importance. Un excellent
musicien peut se tromper le plus loyalement du monde dans le classement d'une
voix soumise à son examen ; cette chance
d'erreur se décuple inévitablement, si le
maître qui examine la voix est intéressé
dans le jugement qu'il doit porter. Mais
cette objection est facile à rétorquer. Dans
les établissemens publics on nommerait
une commission formée de quelques professeurs chargés de procéder à l'examen
préalable et consciencieux des candidats
aux classes de chant. Dans les familles
on ferait des consultations. Toutes les

fois que l'opinion reste indécise à propos d'un fait de quelque importance, on s'adresse tout naturellement à des experts qui décident le point contesté. L'éducation musicale d'un jeune chanteur est d'un assez haut intérêt pour qu'on s'entoure, avant de la commencer, de toutes les lumières qui peuvent guider à de bons résultats.

Mais ce n'est pas assez de classer convenablement les voix pour leur donner l'enseignement nécessaire ; ce n'est pas assez de préparer des matériaux corrects pour l'exécution des œuvres musicales, si les compositeurs ne s'entendent pas entre eux pour se servir avec discernement et discrétion des moyens qu'une excellente éducation vocale aura mis à leur disposition.

Jusqu'à présent le grand malheur de l'école française est que chaque compositeur, songeant à l'intérêt de son ouvrage sans se préoccuper aucunement de celui de l'art, écrit ses rôles pour les moyens des individus qui sont sous sa main, et non d'après la classification ordinaire et régulière des voix. Il résulte de cet égoïste arrangement des inconvéniens très fâcheux, non seulement pour les théâtres de province, mais pour tous les amateurs compris dans la même catégorie; car il devient parfois très difficile d'exécuter une musique dont la donnée repose, non sur des règles, mais sur des exceptions. Et quand le compositeur trouve à sa disposition un talent comme celui de Martin, par exemple, qui a fait pendant trente ans la désolation des théâtres du second

ordre, alors il existe dans chaque partition un rôle complètement inexécutable.

Encore aujourd'hui, toutes les parties
de basses-tailles à l'Opéra-Comique sont
écrites beaucoup trop haut, parce que
Chenard, qui a fait souche, était un baryton dont la voix pleine et parfaitement
sonore s'étendait depuis le *la* grave jusqu'au *fa* aigu, et que la nature de sa voix
lui faisait trouver ses meilleurs effets dans
l'octave élevée.

Nous avons en France deux théâtres
nationaux de musique dûment subven-
tionnés par l'Etat. La mission, c'est-à-
dire le but des administrations qui les
régissent, ne doit donc pas être seulement d'enrichir leurs bailleurs de fonds
ou même de toucher les deux bouts de
l'année sans s'obérer; il faut encore,

que dis-je, il faut avant tout que l'intérêt de l'art trouve de larges garanties dans ce traité qui lie ces deux théâtres au gouvernement par les liens de la gratitude et de la protection.

Et bien, je dis qu'il ne suffit pas aux progrès de cet art que chaque année voie éclore un nombre plus ou moins considérable de bonnes et consciencieuses productions, si ces ouvrages sont conçus de telle sorte, que l'une ou plusieurs des branches du grand arbre musical soit constamment négligées.

Vous avez au courant du répertoire une foule de partitions agréables, vous avez même, quoique dans une catégorie infiniment plus restreinte, des chefs-d'œuvre qui passeront à la postérité ; mais vous n'avez point, comme l'Italie et l'Allemagne, d'ouvrages régulièrement écrits pour l'emploi des quatre voix qui forment type, pour l'arrangement d'une harmonie complète. Et pourquoi cela? Par la raison bien simple et passablement mesquine, que ces quatre voix n'existent point dans les théâtres. Ici c'est une basse profonde qui manque, là c'est un contralto; et des deux côtés, c'est la routine qui fait encore des siennes; car les directeurs n'engagent point ces voix, parce qu'ils n'ont pas d'emploi créé dans le répertoire, et les compositeurs n'écrivent par pour elles, parce qu'il n'y en a pas au théâtre.

Je dis plus : si l'un de ces théâtres offre un jour à ses compositeurs la ressource précieuse d'un excellent quatuor vocal, comme l'Opéra-Comique est tout près de le faire, vous rencontrerez dans l'orgueil de ces artistes, ou dans les prévisions financières de l'administration, des obstacles qui priveront le musicien d'une partie de ces inestimables matériaux. Les deux *prime donne* sont deux astres rivaux qui ne peuvent briller simultanément sur la scène, et la direction ne fera pas la faute de mettre, comme on dit, « tous ses œufs dans un seul panier. »

Ces pitoyables erremens se perpétuent au préjudice de l'art, parce qu'il est plus facile de marcher dans des routes battues que dans les chemins neufs. L'ornière est une bonne chose, mais elle tue le progrès.

Ici le mal n'est point irremédiable, la

plaie, quoique ancienne, serait au contraire facile à cicatriser. Il suffirait que ma voix fût entendue et comprise en bon lieu.

Du reste, il en est de ceci comme de la plupart des abus qui suivent tous un mouvement oscillatoire : les compositeurs se plaignent des écoles de chant qui ne leur donnent pas des voix régulièrement posées, et les écoles de chant s'excusent sur la nécessité de former des sujets en état de chanter les rôles irrégulièrement écrits du répertoire courant. C'est un cercle vicieux dont on ne pourra jamais sortir qu'en adoptant un principe, soit le mien, soit tout autre. Quand je dis le mien, on comprend de reste que je ne prétends pas le donner comme un article d'invention. Ce principe, qui ne saurait être l'objet d'aucune objection sérieuse, est reconnu *in petto* par tous les musiciens, soit chanteurs, soit instrumentistes. Or, on regarderait comme une chose au moins extraordinaire de voir un violoncelliste donner des leçons de violon, et un professeur de flûte enseigner la clarinette ; mais on trouvera longtemps encore tout naturel qu'un maître de piano, de guitare ou de violon, enseigne l'art du chant, dont il ne connaît ni le mécanisme, ni les difficultés, et les professeurs ténors continueront à faire sur la nature des barytons les conquêtes dont ils s'enorgueillissent.

J'aurais bien d'autres observations à produire sur le classement des voix ; mais mon travail sur l'enseignement public et particulier du chant n'est qu'un résumé, un simple aperçu, et chacune des divisions de ce petit traité ne saurait dépasser le cadre d'un chapitre.

CHAPITRE IV.

Etat actuel du Chant.

Examinons la situation de l'art sous le rapport de la partie vocale ; comparons ce qui existe aujourd'hui avec ce qui était naguère, avec ce qui fut autrefois, et nous serons frappés de la décadence du chant dans l'ensemble général et dans les dé-tails.

L'art possédait en France deux grandes écoles nationales où venaient s'instruire et se perfectionner les maîtres aussi bien que les élèves, où le génie s'inspirait d'une noble émulation, où régnait enfin la vocale sous ses divers aspects : la grace, l'énergie, la majesté.

Ces écoles étaient, d'une part, la chapelle-musique du souverain et les maîtrises de province où s'exécutait la musique sacrée avec une supériorité d'ensemble dont on n'a plus aucune idée aujourd'hui ; et, d'une autre part, les théâtres où les compositeurs, peu jaloux de suivre les erremens d'une mode éphémère, travaillaient consciencieusement à faire de bons et solides chefs-d'œuvre, d'après l'observation des règles immuables posées par la nature.

La suppression des maîtrises a été le premier coup porté à la vocale ; coup terrible qui avait ébranlé les fondemens de l'édifice et qui devait tôt ou tard entraîner sa ruine. En effet, les maîtrises ins-

tituées et soutenues à grands frais dans
chacune de nos cathédrales, étaient autant de conservatoires d'où sortaient,
comme d'un foyer de science et de lumière, les génies qui venaient éclairer le
monde, puis les talens d'exécution, dignes
interprètes de leurs œuvres colossales.
Car, dans ces écoles partielles, les élèves
choisis parmi les enfans qui annonçaient
dans chaque pays les plus précieuses dispositions, recevaient d'excellentes leçons
de vocalise et d'harmonie.

C'était dans ces nombreuses et fécon-
des pépinières que se recrutaient les
grands établissemens de musique de la
capitale, choisissant à leur gré dans de
riches écrins le diamant et la perle qui
manquaient à leur couronne.

Il ne faut pas se dissimuler que l'art a

perdu en éclat et en grandeur tout ce que la liberté des peuples a gagné en droits et en principes. L'église catholique imposait aux masses par la pompe dont elle entourait ses cérémonies, par le luxe monumental de ses temples ; et l'art, son plus puissant auxiliaire, trouvait à son tour dans le clergé de France un appui que la peinture, la statuaire et l'architecture regretteront longtemps encore, aussi bien que la musique.

Les maîtrises écrasées sous les pas du géant qui fait le tour du monde ne se relèveront jamais; et comme l'art n'a ni tribune populaire pour expliquer chaque jour ses nécessités, ni champions pour soutenir sa cause dans le champ clos de la politique, il résulte de cette faiblesse et de ce silence qu'aucun effort n'a été fait par le pays, c'est-à-dire par le gouvernement pour remédier à la destruction si regrettable de trente ou quarante séminaires de vocale.

La chapelle-musique au moins restait debout au milieu de ces ruines de l'art. L'oratorio banni des églises s'était réfugié dans la demeure royale ; toutes ces flammes éparses brûlaient sur un seul autel ; mais leur feu, quoique réduit aux proportions de l'unité, n'en avait pas moins ce caractère sacré qu'aucune imitation ne saurait lui donner ailleurs que dans un temple consacré.

Une fois ce dernier sanctuaire fermé, la musique religieuse a été perdue en France, les éléments en ont été dispersés et ne se réuniraient pas sans de grandes difficultés. C'est désormais un fait accom-

pli : le genre sacré, le premier type musical, est effacé, ou, du moins, il ne
brillera plus que dans les bibliothèques
des savans qui lui conserveront un culte
éternel; car il ne faut pas croire qu'il
suffise à l'exercice de la musique sacrée
d'une exécution pratiquée de loin en loin,
toujours incomplète, soit par le nombre
des exécutans, soit par celui des parties
de chant, soit par le défaut d'ensemble
que donnent l'habitude et un travail
assidu.

Et cette portion si considérable, si
précieuse de nos richesses artistiques et
nationales s'est anéantie sans qu'une seule
voix, si ce n'est la nôtre, se fît entendre
pour gémir publiquement sur la ruine de
l'art (1). Suite logique et prévue de la

—————

(1) Voir, à la 3ᵉ partie de ce livre, le chapitre intitulé :
de la musique religieuse.

destruction des maîtrises, et seconde cause immédiate de la décadence du chant.

Aujourd'hui, la vocale n'a plus d'autre ressource que les théâtres qui n'en font un certain cas qu'autant qu'elle est considérée sous l'aspect du solo, car on sait ce que sont les masses chantantes sur nos trois théâtres lyriques. Leur exécution est, sous tous les rapports, défectueuse et misérable, et nul ne songe à s'en plaindre, ni les compositeurs, ni le public, pourvu que les solistes soient à peu près convenables.

Or, voilà justement où est la source du mal : c'est que plus les masses seront négligées, plus les individualités d'un ordre élevé seront difficiles à trouver.

Les amis éclairés de l'art, les bons

amateurs, les vrais artistes reconnaissent que le personnel des théâtres lyriques laisse beaucoup à désirer ; le présent les effraie et l'avenir ne les rassure guère ; ils cherchent vainement les héritiers présomptifs de Duprez, de Levasseur et de Mme Damoreau ; ils se demandent où se cachent les Martin, les Lays, les Ponchard de l'époque future.

Eh ! mon Dieu, ces voix-là existent et elles ne se cachent pas ; mais elles brillent à la place que le hasard ou la Providence leur ont assignée, comme les fleurs d'une vaste prairie ; chacune d'elles végète à l'ombre des grandes herbes qui la protègent et qui parfois l'étouffent, mais elles ne sauraient se former d'elles-mêmes ni en bouquets ni en parterres. Il faut que le jardinier ou le fleuriste les cherchent avec soin pour en tirer ensuite le parti convenable.

Supposons que les écoles publiques de chant soient instituées sur les bases que nous avons posées dans nos précédens chapitres et qu'elles soient parfaitement aptes à former des chanteurs dans la spécialité normale des voix que leur a départies la nature, il restera toujours une difficulté de laquelle on ne se préoccupe guère aujourd'hui et qui est cependant de quelque importance : c'est celle de trouver des voix susceptibles de recevoir l'éducation dont il s'agit.

Me voici tout prêt à revenir à l'excellent et judicieux principe du *Cuisinier français*, à l'endroit du civet. J'ai dit, en raisonnant sur une thèse particulière, que pour faire un bon contralto, il était absolument indispensable de prendre un contralto. Maintenant j'étends le précepte aux généralités, et je dis que pour faire des chanteurs remarquables et brillans, il faut chercher avant tout d'excellens organes naturels et n'appliquer les trésors de la science qu'à des organisations capables de les faire fructifier.

Dans l'état actuel des choses les écoles jouent un rôle purement passif; elles se bornent à recevoir les sujets qui se présentent lorsqu'ils sont admissibles, relativement parlant. Ce n'est point là le rôle qui convient à un établissement national; il ne s'agit point de choisir entre dix ou vingt candidats que le hasard lui jette chaque année, c'est dans la France entière que ce choix doit être fait.

Ceci n'est point une utopie, c'est tout

simplement une amélioration qu'il serait facile d'obtenir, et dont les moyens peuvent être appréciés sans qu'il soit besoin de grands développemens pour les mettre en lumière.

re
q
e
j
ne
de
ac
ch

CHAPITRE V.

Pépinières musicales.

Il est des vérités qui se rangent si naturellement dans la catégorie des axiômes, qu'il est inutile et presque ridicule d'en entreprendre la démonstration. Lorsque j'ai dit que les écoles publiques de chant ne peuvent s'accommoder, dans l'intérêt de l'art, du rôle passif que les règlemens actuels leur assignent relativement au choix de leurs élèves, j'ai posé un principe incontestable et dont il est facile de saisir toutes les conséquences.

Les écoles publiques admettent chaque année un certain nombre de candidats, élus consciencieusement et sans qu'aucune influence les protège, parmi ceux qui veulent bien se présenter. Le choix est toujours bon, dans ce sens qu'on prend réellement les sujets qui indiquent les meilleures dispositions ; et, dans l'état actuel des choses, ce n'est véritablement pas la faute du jury d'examen si ces sujets d'élite sont de médiocres élèves, destinés à faire de tristes chanteurs.

Ce même jury trouverait, j'en suis sûr, très étonnant qu'un cultivateur eût la prétention de moissonner un champ qui n'aurait pas été préalablement ensemencé, ou qu'il voulût récolter du froment dans un terrain semé de seigle.

Car un fait constant est qu'il faut semer pour recueillir : « Arrive que plante », dit la Sagesse des Nations. C'est un adage qui s'applique non seulement à l'agronomie, mais à l'art du chant.

Ayez de bons élèves munis d'organes naturels et de dispositions convenables, et vous aurez d'excellens chanteurs, et vous en aurez en telle quantité, que les appointemens fabuleux des premiers ténors et des *prime donne* baisseront des trois quarts, ce qui pourra permettre aux directeurs des théâtres lyriques de faire quelque bénéfice sur leurs exploitations aujourd'hui ruineuses, pour ne pas dire ruinées. Mais pour avoir de bons élèves, ne vous contentez pas d'admettre ceux qui se présentent en formant des vœux stériles pour qu'il s'en présente de convenables. Cherchez-les où ils se trouvent; allez entendre ces rossignols sauvages dans les solitudes qu'ils charment de leurs voix mélodieuses, sans s'inquiéter s'ils les charment et si on les écoute. Quand vous les aurez trouvés (si vous les trouvez, car tout le monde, même les professeurs de violon ou de piano, ne se connaissent point aux données naturelles et abruptes de la voix), n'attendez pas qu'ils se présentent à vous pour solliciter leur admission dans vos écoles dont ils n'ont jamais entendu parler. Oubliez votre morgue administrative et faites les premières avances, car ce chanteur en herbe qui a la fortune d'un Martin ou d'un Duprez dans le gosier, comme Bernadotte et

Murat avaient des couronnes royales dans leurs gibernes, ce chanteur-là n'a pas besoin de vous pour vivre ; il a une enclume ou des ciseaux qui répondent de son avenir, mais vous avez besoin de lui. Employez pour le décider à quitter son état les séductions d'une langue dorée ; faites briller à ses yeux les espérances que vous concevez de lui pour vous-même ; montrez-lui, pour le présent, les avantages d'une profession honorable, la fortune en perspective, et la gloire qui peut couronner tout cela ; faites monter à sa tête les douces fumées d'une ambition d'artiste ; enivrez-le de ses succès futurs, et si vous l'attachez à votre char, si vous faites quatre ou cinq conquêtes comme celle-là, vous aurez rendu à l'art un service immense, vous aurez bien mérité de

votre pays, vous aurez gagné légitime-
ment les appointemens et les frais de
tournée qu'un gouvernement libéral, dans
la belle acception du mot, vous aura oc-
troyés.

Des appointemens et des frais de tournée... Qu'ai-je dit? Grever le budget des
contribuables d'une vingtaine de mille
francs dont le résultat immanquable serait de rendre au chant national l'éclat
qu'il a perdu, aux théâtres les matériaux
qui commencent à leur manquer partout,
à l'art enfin des interprètes dignes des
chefs-d'œuvre qui pourraient survenir et
qu'ils pourraient inspirer... Créer deux
ou trois emplois pour deux ou trois hommes de conscience et de talent qui deviendraient les soutiens et l'espérance de
notre vocale presque éteinte! Que diraient

de mon outrecuidance les économistes des sueurs du peuple qui ne remue pas la terre pour qu'on fasse des trilles et des *groupetti*, qui ne satisfait pas si péniblement aux exigences du collecteur et de la douane, pour entretenir à grands frais des chanteurs médiocres dans nos théâtres royaux?

Une vingtaine de mille francs, malheureux! Ai-je bien pu demander un pareil sacrifice au pays qui subventionne si largement deux ou trois inspecteurs des haras dans le but, fort louable du reste, d'améliorer les races précieuses de nos chevaux de luxe.

Ayons de beaux chevaux, messieurs; songeons à la remonte de l'honorable Jockey-Club; attelons de fringans coursiers aux voitures des deux aristocraties;

donnons des jumens pur sang aux élégantes amazones du bois de Boulogne, de
jolis poneys à notre livrée, de bons attelages à nos diligences (tant qu'il y aura
des diligences). Personne ne fait plus que
moi des vœux pour l'accroissement bien
dirigé du luxe qui fait vivre les petits aux
dépens des grands, pour l'amélioration
du commerce dans ses moyens les plus
immédiats. Mais si nous avons les meilleures raisons du monde pour soigner nos
chevaux et voter à cet effet d'utiles dépenses dans nos budgets annuels, pourquoi messieurs de la législature ne jetteraient-ils pas un regard sur nos pauvres
établissemens de chant? Pourquoi ne
donneraient-ils pas à l'art des élémens
indispensables de prospérité qu'ils ne refusent point à l'estimable race chevaline?

Et d'ailleurs, si nous venons à parler d'argent, si nous raisonnons parcimonie, je ne sais pas si mes misérables vingt mille francs ne seraient pas un excellent moyen d'économiser plus tard les deniers de l'État; car si les subventions de nos théâtres sont et doivent être largement distribuées, c'est en considération de l'état de gêne où languissent les directions. Or, pourquoi, je vous le demande, ces directions languissent-elles? C'est parce que l'Opéra n'a pas une Mme Damoreau qui puisse faire le pendant si nécessaire de Duprez, le seul chanteur à recette de la localité; c'est parce que l'Opéra-Comique n'a pas le moindre Duprez qui puisse chanter un duo avec Mme Damoreau; c'est parce que ces deux théâtres ne font de l'argent (quand ils en font), que de deux jours l'un, attendu que s'ils ont pour les jours de jubilation la riche étoffe d'un succès, le lendemain vous n'en voyez que les doublures.

Elevez vos sauvages rossignols..... je me trompe et je vais trop vite. Allez chercher des voix naturelles (elles pullulent en France), donnez-leur l'éducation spéciale, c'est-à-dire appropriée à leur spécialité dont j'ai parlé et que je persiste à croire la seule efficace, malgré les réclamations de tous les maîtres de chant de la capitale; donnez aux établissemens de chant de bons élèves qui, trois ou quatre ans plus tard, seront d'excellens chanteurs, et vous pourrez diminuer le chiffre des subventions théâtrales sans aucun danger pour la caisse des directions qui n'auront plus d'autres besoins que celui de ne pas être protégées.

Je reviens aux fonctions des deux ou trois commis-voyageurs de l'art ou inspecteurs généraux du chant en France (le titre ne fait pas grand'chose à l'affaire), et je vais au-devant des objections. Je ne me dissimule pas qu'on peut en élever de sérieuses sur les moyens qu'auraient ces fonctionnaires de s'acquitter de leur importante mission ; sans parler de la possibilité qu'il y aurait de voir ces emplois tout spéciaux confiés à des professeurs de clarinette ou à des agens de change ruinés, mais honnêtes ; car il faut bien faire la part des influences et des recommandations qui tyrannisent le pouvoir le mieux intentionné.

Je suppose que nous ayons trois ins-

pecteurs du chant qui chaque année sil-
lonneraient la France dans tous les sens,
et qui porteraient leurs investigations
dans les moindres bourgades ; c'est beaucoup, mais hélas ! ce n'est pas assez. Mes
trois voyageurs ne peuvent s'adresser
dans chaque localité qu'à un certain
nombre d'hommes compétens ; et ces
vrais amis de l'art, qu'on appelle en province les frères en Apollon, ne peuvent
donner que des renseignemens utiles, il
est vrai, mais incertains ; car leur intérêt personnel n'est point attaché à la découverte des meilleures voix naturelles
de leur endroit.

Admettez qu'un de ces inspecteurs en
arrivant dans une ville trouve une bonne
école publique et gratuite de chant, diri-
gée par un maître payé, soit par le dé-

partement, soit par la cité ; soyez sûr
que cette école contiendra les meilleures
voix du pays. Notre fonctionnaire trouvera ses élémens tout prêts ; il choisira,
parmi cent ou deux cents sujets plus ou
moins convenables, deux ou trois organes qu'il classera dans ses souvenirs, en
suivant le même système que les inspecteurs de l'École Polytechnique. Et si
chacune des grandes villes avaient une
institution semblable, on pourrait les
considérer comme autant de succursales
de nos grands établissemens de chant qui
s'alimenteraient alors de sujets précieux
choisis parmi les élèves d'élite d'une centaine d'écoles communales.

Mais comment fonder cette centaine
de pépinières qui formeraient ainsi la
base de l'art en France, et remplace-

raient avec succès les maîtrises dont je déplore la perte? Comment obtenir des conseils généraux ou municipaux des allocations, telles minimes qu'elles soient, en faveur d'un établissement qui serait taxé de frivolité par les graves penseurs de chaque endroit? Comment engager l'administration supérieure à concourir selon ses moyens, tant par des secours pécuniaires que par son influence, à organiser des institutions dont le résultat serait si utile aux arts, si favorable aux progrès de la morale publique!

Il faudrait lui démontrer l'immense intérêt qui s'attache à la vulgarisation de la musique; il faudrait reproduire toute l'argumentation dont j'ai déjà rempli dans une autre circonstance quatre ou cinq colonnes de *la France Musicale*, et nous écarter ainsi d'un sujet qui est loin d'avoir reçu tous les développemens que je dois donner à ma pensée (1).

L'établissement de ces écoles est le rêve de ma vie ; car, il faut bien que j'en convienne, mon but, en demandant des inspecteurs du chant, était d'en venir à nos conservatoires communaux ; mais leur organisation est une affaire d'administration et de détail que je suivrai sur un autre terrain.

Il me suffisait d'établir dans ce chapitre la nécessité d'obtenir *avant tout* de bons élèves, afin de leur appliquer avec fruit les bienfaits de l'admirable instruction qu'on prodigue aujourd'hui à de mé-

---

(1) Voir à la 3ᵉ partie de ce livre le chapitre intitulé : *de la vulgarisation de la musique.*

diocres écoliers, et qui cependant, je le répète, ne sera parfaite qu'autant qu'elle sera offerte spécialement à chaque spécialité organique.

Deuxième Partie.

Du mécanisme de la voix et des études transcen-
dantes de la vocale.

r
se
à
lo
d
pe
m
C
pr
co

CHAPITRE VI.

Pose du Son.

La voix humaine, dont tout le monde
raisonne et dont si peu de gens connaissent les mystères, même les chanteurs et
à plus forte raison les professeurs de violon et ou de piano, est un instrument
délicat dont les ressources infinies ne
peuvent être mises en œuvre que par des
moyens basés sur des règles immuables.
Ces moyens indiqués par l'observation
profonde et intelligente de la nature,
consacrés par l'expérience de cent maî-

tres illustres qui sont tous unanimes sur l'ensemble de la théorie, nous sont arrivés sous une forme traditionnelle qu'aucun praticien n'admet cependant sans en avoir dûment expérimenté la rationnalité, et sans modifier quelques uns de ses détails, selon la portée et les exigences de ses propres moyens naturels.

Tout le monde peut chanter plus ou moins agréablement sans maître, comme tout le monde peut parler plus ou moins congruement sans la connaissance de la grammaire. Il ne s'agit pour cela que d'écouter chanter ou parler les personnes instruites ; on se forme naturellement l'oreille à leur école ; mais les connaissances qu'on y acquiert sont nécessairement toutes superficielles. On parvient à chanter avec quelque goût les romances de M. Frédéric Bérat, comme il y est arrivé lui-même, ou à faire la conversation sans l'orner de ces liaisons dangereuses qui charment apparamment l'oreille dans son état de sauvagerie na- tive. Mais pour devenir un chanteur ou un littérateur, il faut les enseignemens réguliers de la théorie, il faut des études persévérantes et bien dirigées. Bien diri- gées surtout, car, s'il est vrai de dire qu'en forgeant on devient forgeron, il y a ici une réticence à laquelle supplée le bon sens : c'est qu'il faut forger chez un forgeron et non pas chez un charpen- tier.

La voix est un instrument délicat dont les difficultés participent des instrumens à vent et des instrumens à cordes, et dont le mécanisme cependant est d'une simplicité extrême. Nous l'envisagerons sous les rapports suivans : la pose du son qui est le principe fondamental du chant ; la nature du son qui est l'intensité, la pureté, l'élasticité et l'égalité des notes entre elles, malgré la différence des registres qu'elles parcourent ; la flexibilité, la prononciation, l'accentuation matérielle et l'esthétique de l'expression.

Il est bien entendu que je ne prends point la peine de formuler mon opinion et d'arrêter des principes pour l'édification des véritables professeurs de chant ; ces messieurs ont une foi beaucoup trop robuste en leurs propres lumières pour admettre un conseil, quelque judicieux qu'il puisse être, et surtout pour reconnaître les vérités qui porteraient atteinte à leur doctrine ou à leurs intérêts. J'écris pour les familles, pour ces estimables amateurs qui consacrent huit ou dix années de leur vie à des études dont ils ne peuvent tirer aucun fruit, attendu qu'elles sont erronées ; je parviendrai peut-être, en leur révélant les secrets de l'art dont on ne leur a jamais dit un mot, à leur prouver qu'un musicien, tout excellent musicien qu'il soit d'ailleurs, ne peut enseigner que la spécialité qui le distingue, et que, par conséquent, un pianiste qui veut montrer à chanter, parle de ce qu'il ignore complétement, de ce qu'il ne connaît du moins que par ouï-dire, et ne peut que faire de fausses applications des théories qu'il n'a point éprouvées par la pratique.

Chacun sait que le meilleur, le plus essentiel, je dirai presque l'unique exercice nécessaire pour mettre la voix en dehors, est de faire des gammes, soit en filant des sons sur chaque note, soit en les exécutant avec plus ou moins de vivacité. Aussi le maître le plus inexpérimenté, lorsqu'il commence l'éducation d'un élève, a-t-il soin de lui imposer ces sortes d'exercices. L'écolier fait des gammes pour faire des gammes ; ni lui, ni son maître, pour la plupart du temps, ne se doutent, en se livrant à ce travail, de sa fin et de ses moyens.

Prenez le premier sujet venu (je parle d'un sujet muni d'une bonne voix et dépourvu de toute science) ; demandez-lui de faire entendre un son dans toute l'intensité de son haleine et dans toute la portée de ses facultés, en allant du faible au fort et du fort au faible, c'est-à-dire

en filant la note. Le sujet, avant de four-
nir sa carrière, prendra immanquablement la précaution de remplir ses poumons d'autant d'air qu'ils en pourront
contenir, au moyen d'une aspiration vi-
goureuse et rapide ; puis il poussera un
son tremblottant qui manquera d'énergie dès son origine, qui opérera un *rinforzando* défectueux, et qui sera complétement éteint lorsqu'il arrivera au commencement du *diminuendo*.

Car de ce travail, qui pèche par ses
deux bases, il résulte deux phénomènes,
ou, pour parler sans aucune prétention
technique, deux inconvéniens faciles à
comprendre.

L'aspiration énorme et précipitée que
pratique l'élève pour enfler ses poumons
n'a d'autres résultats que celui de paraly-

ser ses organes respiratoires qui accomplissent alors un effort pénible pour retenir la provision d'air qui se presse contre leurs parois délicates. Mais ils se dédommagent de cette souffrance, lorsque l'expiration commence. Comme l'écolier ignore les moyens d'utiliser la moindre parcelle de son haleine lorsqu'elle vient frapper le corps sonore du larynx, comme il ne sait ni en régler, ni en économiser l'emploi, l'air fortement comprimé dans les poumons s'échappe avec la même rapidité qu'on en a mise à l'y introduire ; avant que le son se fasse entendre, la moitié de l'aspiration est déjà sortie, et l'autre moitié ne peut plus agir que mollement sur des organes mal préparés et affaiblis par le travail indiscret qu'on leur a imposé.

Quand l'élève a fait quatre on cinq gammes de cette manière, il est complétement épuisé ; le professeur lui raconte alors les nouvelles du jour pour tuer agréablement le temps jusqu'à concur - rence de l'heure voulue, et, si le susdit élève n'a pas des poumons d'airain, soyez sûr qu'il se plaindra de la poitrine au bout de deux ou trois mois de ces exercices violens et parfaitement inutiles.

Un maître qui connaît le fin du métier n'expose point ses élèves et par consé- quent ne s'expose pas lui-même au péril de ces gammes monstrueuses. Il n'en demande ordinairement qu'une au com- mencement de chaque leçon, et pour la forme seulement ; puis il passe au duo ou même simplement à la romance, où il dé- ploie le goût que lui a départi la nature et qui ravit en extase l'élève et ses bons parens.

Mais un professeur véritable, un professeur de chant tel qu'il en existe infiniment peu, s'y prend d'une autre manière pour amener son élève à l'importante étude des gammes, c'est-à-dire la pose du son.

Il a soin que l'aspiration soit complète, mais qu'elle soit accomplie avec modération et sans précipitation ; puis quand les organes sont prêts à faire leur office, il ne s'agit plus que de diriger l'expiration de l'air qui va former la note demandée.

Dans l'état naturel des organes respiratoires, l'air s'échappe aussi facilement qu'il entre ; bien plus, il sort non seulement par l'orifice du larynx, mais par les fosses nasales qui dénaturent sa qualité relativement au son; et, s'il ne s'en perd point par les yeux et par les oreilles (comme le prétendait un de mes honorables confrères, plus habile chanteur que savant anatomiste), du moins il est constant que l'ébranlement des cavités cérébrales, causé par le passage de l'air dans les conduits nasals, imprime au tympan de l'oreille, qui est une membrane d'une grande sensibilité, une vibration dont l'effet est d'altérer le jugement du chanteur sur son travail et, par suite, la justesse du son.

Il faut donc avant tout que le chanteur soit absolument maître du son qu'il va laisser sortir du larynx; et comme il est évident que c'est l'énergie relative de l'air mis en œuvre qui produit la force ou la douceur du son, il faut que cet air, comprimé avec le plus grand soin, puisse se diviser à l'infini, de telle sorte qu'il ne s'en échappe aucune parcelle qui ne soit représentée par une des qualités du son demandé.

Le placement du son sur l'orifice du larynx étant l'une des premières difficultés de la science vocale, il serait imprudent d'y joindre dans le principe une difficulté surérogatoire : celle de poser le son doucement. Faites attaquer la note franchement et n'exigez d'abord qu'un résultat, un résultat essentiel et sans lequel vous ne pouvez passer outre : c'est, dans l'abord du son, une netteté parfaite, exempte de ces *portamenti* qui font résonner misérablement la quinte inférieure de la note qu'on va produire, exempte surtout de la moindre perte préalable de l'air qui doit être tout entier consacré au son.

Pour arriver à ce résultat, rien n'est indifférent dans le placement de la langue, dans celui des lèvres, et surtout dans la manière dont la bouche est ouverte. Il est un vieux préjugé encore en vigueur parmi les ignorans : c'est que, pour bien chanter il faut ouvrir la bouche le plus qu'on le peut. Ceci est une erreur qu'il faut classer avec celles des grandes aspirations d'air, et qui produit des effets tout aussi pernicieux. La bouche doit toujours rester dans son état naturel, dans l'état où l'action de la parole la place. S'il en est autrement, le jeu de la langue contre le palais prend nécessairement une ampleur qui donne de l'emphase à la prononciation et qui inflige à

la voyelle *a* le caractère guttureux et ca-
vernal de la voyelle *o*, ennemie naturelle
de la pureté du son.

Si vous ouvrez la bouche de bas en
haut, ce mouvement précipite les parois
inférieures de la langue contre les glan-
des salivaires, et l'extrémité de sa palette
supérieure, qui sert à la déglutition en
fermant à volonté le passage du larynx,
ne peut plus accomplir sa fonction. Dès
lors l'organe respiratoire demeure ouvert
et ne peut plus comprimer l'air dont les
poumons sont emplis.

La bouche doit être ouverte en travers
dans la position du sourire. Le larynx
alors peut être hermétiquement fermé,
et l'air qui y est amassé intérieurement
peut ainsi être poussé vigoureusement

contre l'orifice clos, sans qu'il s'en échappe la moindre portion.

Que le son parte alors, il sera bref, précis et parfaitement normal, comme le son obtenu par un archet qui se pose nettement sur la corde pour *attaquer* la note. Ce son, je le sais bien, sera rude, sa vibration excessive et sa portée demeurera uniforme jusqu'à ce qu'il tende à s'éteindre. La note de cette manière ne sera filée qu'à moitié. Mais lorsque l'élève comprendra bien l'emploi de ce procédé, le seul qui existe pour poser le son, il sera facile d'obtenir de lui que le placement en soit fait avec moins de rudesse, puis enfin avec douceur, sans qu'il perde rien, ni de sa netteté, ni de sa pureté, ni même de la vigueur qui lui servira plus tard au *rinforzando*.

Telles sont les règles générales indiquées par la nature et par l'expérience pour la pose du son ; solennel et premier pas du chanteur dans la carrière de la science. Ces règles ne se modifient que lorsqu'on ajoute par la suite aux premières difficultés de la vocalise l'obstacle considérable de la prononciation qu'il faut presque toujours rectifier, en suivant des procédés que nous indiquerons plus loin.

CHAPITRE VII.

Intensité et pureté du Son.

Lorsque j'ai dit que, pour chanter, la bouche devait être ouverte et placée comme pour l'action naturelle de la parole, il est bien entendu que je parlais d'une action régulière, exempte au moins de ces vices de langue et de prononciation dont il n'existe que trop d'exemples.

Il y a des gens qui, par un défaut de conformation du larynx trop resserré vers son orifice, tirent tous les sons de la gorge;

il en est d'autres qui dirigent le son de telle sorte que les lèvres et la langue ne sont plus que les agens des fosses nasales, qui servent alors de conduit direct à la voix. Les personnes dont la langue fonctionne convenablement, secondée par des lèvres agiles, par un ratelier complet, par une mandibule souple, par un voile de palais ferme et sonore et dont les amygdales sont toujours dans l'état normal, sont mal-heureusement en fort petit nombre.

Le premier soin du maître doit donc être de modifier ces dispositions apho-niques ; mais il faut procéder avec ordre : la prononciation défectueuse n'est qu'un résultat, c'est à la cause qu'il importe de remédier. Le son n'est acceptable comme chant qu'autant qu'il est parfaitement pur et qu'il sort librement des cavités de la poitrine, sans aucun retentissement provenant de la gorge ou du nez.

J'ai remarqué que chaque genre de voix était sujet à des défauts organiques communs à leur catégorie et qui peuvent se classer par masses, sauf d'assez rares exceptions. Les voix basses dans les deux sexes, chantent naturellement de la gorge; les voix élevées sont plus fréquemment infestés de notes nasales. La raison en est assez simple pour être comprise sans de grandes explications. Les voix de basses visent à l'intensité et à la sonorité qui sont acquises naturellement aux voix hautes, et pour y arriver, elles s'aident instinctivement d'un certain gonflement du larynx qui s'obtient au moyen d'un mouvement opéré par la langue qui refoule constamment les muscles de la déglutition jusque sur la luette, et forme ainsi un espace libre dans la bouche, une sorte de pavillon, un écho caverneux qui semble réellement ajouter quelque chose au volume du son, mais qui lui donne en même temps un caractère de mollesse et d'empâtement insupportable à l'oreille.

Les voix hautes, qui n'ont pas besoin de cette espèce de supercherie pour augmenter la portée de leurs notes dont la vibration est plus rapide et le son plus perçant, cherchent plus particulièrement leurs effets dans les passages élevés qui tournent à la voix de tête, et se fourvoient alors dans les fosses nasales.

Toutes ces dispositions peuvent se modifier, lorsqu'elles ne sont pas le résultat d'une conformation physique ; auquel cas, la voix n'existant pas à l'état de chant, il devient inutile de s'en occuper ici. Les défauts naturels de la voix doivent disparaître sous les efforts sagement dirigés de la science ; mais comme ils se combinent nécessairement avec le travail de la pose du son, il ne faut pas que le professeur songe à passer à d'autres instructions et à varier ses théories avant que ces premières difficultés soient totalement vaincues. On ne doit pas se servir d'un son avant de l'avoir dégagé complètement de l'alliage impur dont une habitude pernicieuse l'a entaché. Il faut que la position de la bouche soit rectifiée jusqu'à ce qu'elle parvienne à l'état normal, et que la langue détachée du palais livre un passage convenable à l'air ; car ce n'est point la compression des muscles de la langue qui doit arrêter le son dans le larynx pour en régler l'emploi, c'est le larynx lui-même qui doit resserrer son orifice, comme l'embouchure d'un instrument, tel qu'il l'est en réalité. Il faut que la note soit appelée cent fois, mille fois s'il est nécessaire, jusqu'à ce qu'elle arrive nette et brillante.

Alors, mais seulement alors, commencez les gammes; analysez scrupuleusement chaque son pour lui donner la pureté, la grâce, la force et l'élasticité dont il est susceptible. Et gardez-vous bien de demander à la nature plus qu'elle ne peut faire. Arrêtez attentivement la vigueur du son, dans son plus grand *crescendo*, sur les limites extrêmes de la vibration, afin que le chant ne perde pas son caractère en se transformant en cri; car, s'il est indispensable que la voix soit mise tout

entière en dehors, il est encore plus nécessaire d'éviter la fatigue qui en com-
promettrait la puissance. Il faut que
le chanteur, en se servant de tous ses
moyens, semble toujours à son aise, que
son *fortissimo* laisse deviner encore des
ressources cachées et déguise adroitement
les bornes de ses facultés. Et d'ailleurs,
il est patent que ses efforts, pour atteindre dans certains passages les suprêmes
effets du *rinforzando*, ne peuvent obtenir
ce résultat que par opposition au chant
ordinaire qui n'est agréable qu'autant
qu'il repose bien évidemment dans les
moyens naturels.

Ainsi donc enflez les sons autant qu'il
le faut en les filant par gammes; mais
veillez à ce que la grâce ne sacrifie rien à
la force; souvenez-vous que la voix est

faite pour charmer les oreilles et non pour les étonner. Laïs, Garat, Martin et Ponchard, sont des chanteurs dont la méthode sage et correcte a produit des effets inouïs, dont la voix n'a reculé devant aucune des exigences des grands moyens d'ensemble, et qui n'ont jamais outrepassé, cependant, les barrières sacrées qu'on franchit aujourd'hui sans scrupule, au risque d'une chute, résultat ordinaire des tours de force malencontreux.

Aucun des moyens qui peuvent concourir à la perfection du chant ne doit être indifférent aux yeux d'un professeur habile ; s'il faut qu'il s'applique à corriger dès le principe les mauvaises habitudes de la voix et les dispositions erronées de la nature, il ne doit pas reculer toujours devant les vices organiques, tels par exemple que ceux d'une dentition défectueuse à laquelle on peut remédier en s'aidant tout simplement du secours du dentiste, ou bien le gonflement des amygdales.

Les amygdales, fléaux ordinaires de tous les chanteurs, sont de petites membranes glanduleuses en forme d'amande, placées de chaque côté de la luette. Leur propriété, très incomplétement définie par la science anatomique, semble consister spécialement dans le mal qu'elles produisent. Et, à moins que le Créateur, qui n'a rien fait d'inutile sur la terre et principalement dans les organes humains, n'ait placé les amygdales dans la bouche comme des sentinelles vigilantes qui nous avertissent par leur inflammation instantanée des résultats qui menacent nos écarts de régime, je ne vois pas à quoi peuvent servir ces substances mystérieuses toujours prêtes à s'irriter.

La preuve que les amygdales ne sont point indispensables à l'ensemble général, c'est qu'on peut les extirper sans que cette privation gêne en rien les fonctions des autres organes.

J'ai vu des élèves dont les dispositions naturelles se trouvaient paralysées par le gonflement permanent de ces membranes calamiteuses, consentir, sur mes instances, à l'opération peu douloureuse que nécessite leur extraction, et justifier ensuite par des progrès rapides les espérances qu'ils avaient fait concevoir. Nourrit, sur la fin de sa carrière si brillante et si rapide, avait été contraint de

prendre ce parti et il s'en trouvait à merveille ; je suis convaincu que Mlle Rossi,
cantatrice distinguée de l'Opéra-Comique, dont les louables et persévérans
efforts n'ont pu triompher complétement
jusqu'aujourd'hui des notes gutturales
qui ternissent parfois la pureté de son
chant, doit attribuer la résistance de la
nature contre le travail à la position
de ses amygdales. Je suis sûr qu'elle en
souffre ou qu'elle est gênée, et que leur
développement, soit normal, soit instan-
tané, nuit seul à la perfection que pourrait atteindre la pureté de sa voix. Si
j'avais l'honneur de connaître Mlle Rossi,
je serais curieux de faire sur sa voix l'application de ma théorie, et je parierais
volontiers que je ne suis pas loin de la
vérité.

On voit qu'il ne serait pas hors de propos pour les véritables professeurs de chant de prendre la peine de se livrer sérieusement à l'anatomie pratique des organes qui concourent au phénomène de la voix. Sans compter les avantages qu'ils obtiendraient de ce travail dont le résultat est de jeter de précieuses lumières sur les élucubrations mystérieuses de la nature, ils découvriraient ainsi l'existence et les motifs de certaines connexions organiques, utiles à connaître pour en éviter les inconvéniens, ou pour diriger leurs effets dans un but profitable à l'art.

Après avoir arrêté les causes qui peuvent contribuer à donner au son toute la pureté désirable, il est bon d'envisager un instant celles qui peuvent l'altérer momentanément et priver un excellent chanteur d'une partie de ses moyens.

L'émotion, qu'on ne peut combattre par le raisonnement, quoique son action soit toute morale, doit figurer en première ligne parmi les fléaux que redoutent à bon droit les artistes les plus distingués. Que ce phénomène, auquel les Italiens donnent le nom d'*émulation*, soit réellement le résultat de la crainte qu'on éprouve de rester au-dessous de soi-même et des autres, ou que ce sentiment soit purement instinctif et naturel à certaines organisations, il est toujours bon de constater que l'émotion se fait remarquer plus particulièrement chez les sujets d'élite qu'une longue suite de succès n'a point encore classés parmi les illustrations adoptées par le public. La confiance, l'aplomb et le sang-froid ne peuvent être chez un jeune artiste que l'apanage de la médiocrité. C'est ce qui explique les mystères de cet abyme qui sépare, dans la carrière d'un chanteur, le point de départ de celui de l'arrivée. L'un est marqué par les débuts brillans et pleins d'espérances qui ne se justifient pas; l'autre est glorieux, fécond en surprises de toutes sortes et dément avec éclat des débuts obscurs et sans avenir. Cette différence n'a souvent qu'une seule cause, et c'est l'émotion. Le chanteur médiocre a confiance en lui-même et profite de tous les bénéfices de cette heureuse sécurité; son assurance lui donne la plénitude de tous ses moyens devant le public. L'artiste d'avenir, au contraire, a la conscience de l'imperfec-

tion de son talent ; son insuffisance relative l'épouvante, il doute longtemps de
lui-même, et ce n'est qu'après des études
persévérantes et des succès progressifs
qu'il acquiert la connaissance de sa force ;
lorsqu'il obtient le prix de son travail,
son heureux émule d'autrefois est depuis
longtemps oublié et perdu dans la foule
des talens secondaires.

Le temps et les succès peuvent donc
seuls triompher de ce redoutable obstacle ; mais s'il est impossible d'en détruire,
et s'il faut même en respecter l'origine,
on peut du moins remédier à ses effets
les plus fâcheux et les plus immédiats.

Ces effets sont de jeter le trouble dans
les idées, d'accélérer les battemens du
cœur et surtout de dessécher les vais-
seaux secrétoires qui alimentent les glan-

des salivaires et donnent au son cette limpidité, cette consistance en quelque sorte humide d'où il tire ses principales qualités. La crainte de ce dernier inconvénient contribue si puissamment à créer les deux autres, qu'en portant à ses résultats physiques un remède de même nature, on parvient immanquablement à en affaiblir leur pernicieuse influence.

Quand la salive commence à se retirer de la bouche pour s'y précipiter ensuite, après les premiers momens de trouble, avec une abondance qui en rend la déglutition presqu'impossible et qui cause alors fréquemment ces petits accidens dont la dénomination vulgaire ne saurait trouver place ici, le chanteur peut prévenir cette formidable sécheresse et sa réaction non moins embarrassante en plaçant dans sa bouche un corps inerte et insapide, tel qu'un petit morceau de bois ou même de papier roulé. La présence de ce corps dont l'expulsion peut être faite sans inconvénient et avec facilité lorsque vient le moment de poser le premier son, a pour effet positif de maintenir la sécrétion de la salive en conservant aux organes qui servent à cette fonction l'activité et l'attention matérielle que paralysent ou suspendent les résultats de l'émotion.

Cette recette est trop simple et d'ailleurs trop étrangère à l'art pour qu'il soit besoin d'insister sur ses causes ainsi que sur ses effets. Mais les inconvéniens auxquels ce procédé peut parer sont tellement graves et j'en ai moi-même si souvent expérimenté l'efficacité, qu'il

n'était pas hors de propos de les consigner ici, ne fût-ce que pour l'instruction
des nombreux pianistes qui professent le
chant.

Si le cadre trop circonscrit de mon
travail me permettait de donner le développement nécessaire aux observations
purement hygiéniques qui se lient étroitement avec celles que suggère l'examen
approfondi des principes de la voix,
c'est-à-dire de la formation du son et de
ses qualités, ce serait le moment d'examiner les rapports qui existent entre les
organes du chant et ceux qui agissent le
plus immédiatement sur eux; car leur
travail, qui intéresse principalement les
bronches, la trachée-artère, le larynx et
la bouche, peut être facilement troublé et
ses effets pervertis par l'action simulta-

née ou même précédente de certaines fonctions animales qui ont à peu près les mêmes voies ou dont les moteurs sont voisins.

Mais cet examen nous conduirait trop loin, il nous suffira d'insister ici sur la nécessité d'un régime de vie sage et bien réglé pour celui qui veut pratiquer le chant. On comprendra par exemple que, si l'on exerce la voix qui nécessite l'emploi sérieux de diverses facultés importantes, en même temps que l'estomac qui a besoin pour lui-même du concours énergique et complet de tous les principes concourant à ses fonctions, il résulte entre plusieurs organes essentiels un conflit de forces opposées qui doit nuire à leur action. Ainsi le travail du chant est incompatible avec celui de la digestion, et vous ne pouvez, par des écarts de régime, compromettre l'état du tube intestinal, ou plus directement encore celui de l'œsophage, sans que la trachée-artère, le larynx, les amygdales, la luette et même le voile du palais, n'en souffrent en même temps.

CHAPITRE VIII.

Flexibilité de la Voix.

Un gentilhomme du dernier siècle disait à la charmante reine Marie-Antoinette : « Si ce que votre majesté désire est possible, c'est une chose faite ; si au contraire c'est impossible, elle se fera. »

Ce paradoxe courtisanesque a été parodié de nos jours par l'un de nos plus illustres chanteurs nationaux. Une dame lui demandait si la science pouvait aller jusqu'à la faire chanter passablement, elle qui n'avait pas de voix.

« Vous chanterez à merveille, répondit le maître avec une fatuité que son admirable talent sauvait du ridicule. Il n'y a aucun mérite à faire chanter les gens qui ont de la voix. »

Nous avons suffisamment développé l'opinion contraire dans nos précédens chapitres. Mais l'antithèse de l'illustre cesserait de nous paraître absurde si la doctrine se bornait à la flexibilité de la voix et posait comme principe général qu'il est possible de donner aux organes les plus rudes et les plus mous toute la souplesse et toute la précision d'exécution qu'on remarque dans les voix naturellement disposées aux *fioriture* que les Français appellent la roulade.

Je dirai plus et je le dirai sans la moindre intention d'appeler la surprise, mais seulement pour poser un principe que les praticiens de l'enseignement (je parle des praticiens chanteurs) ont expérimenté mille fois : c'est que les principales difficultés du trait, comme les gammes descendantes, le groupetto et la cadence, sont surmontées avec plus de perfection par les voix qui, dans l'état normal, n'avaient aucune espèce de prédisposition à vaincre ces obstacles.

Ponchard qui, de tous les chanteurs connus, est celui qui fait entendre le plus nettement les deux notes dont se compose la cadence et qui martelle le plus régulièrement toute espèce de traits, possédait dans le principe une voix ingrate et dont tout autre que lui n'aurait tiré qu'un médiocre parti, quoiqu'elle fût fort belle. Car ceux qui prétendent que

Ponchard avait acquis à force d'étude une voix factice partagent une erreur accréditée sans doute, mais qui n'en est pas moins une étrange et notoire erreur.

Pour ce qui concerne la flexibilité, les voix sont comme les mets dont l'assaisonnement comporte une quantité et un nombre précis d'ingrédiens. Pour obtenir la mixtion parfaitement convenable, il vaut mieux avoir à mettre qu'à ôter. Les traits de la voix demandent les mêmes précautions d'étude, et il est plus dificile de régler la vélocité naturelle d'un organe que d'augmenter par un travail méthodique la vivacité de son allure.

Ici je dois appeler particulièrement l'attention des familles sur la différence énorme qui existe entre les choses suivantes : 1° ce qu'on appelle dans le monde la musique vocale, qui est, à proprement parler, l'étude du solfége, la lecture de la musique ; 2° le mécanisme de la voix qui est l'étude matérielle du chant ; 3° la vocalisation, qui ne comporte que l'exercice du goût, la pureté, la grâce, la correction et les autres charmes d'une exécution vocale, y compris l'accentuation qui est ce « je ne sais quoi » dont le chant s'embellit comme l'esprit et la beauté.

L'étude du solfége est une affaire de patience, d'attention et de persévérance; elle n'a rien de commun avec le chant proprement dit, et le premier musicien venu convient à cet enseignement qui est celui de la musique, purement et simplement.

On comprend aussi qu'un excellent chanteur, quelle que soit sa spécialité , puisse donner de très utiles conseils en fait de vocalise, quoiqu'il soit toujours plus convenable et plus naturel de les demander à un professeur dont le genre de voix est en rapport avec celui de l'élève.

Mais le mécanisme de la voix qui est le chant dans son action purement physique, ne saurait être enseigné avec un plein succès et sans aucun péril pour l'organe et même pour la santé de l'écolier, que par un chanteur qui est dans les conditions exprimées ci-dessus.

Il est bon que les familles et les élèves sachent bien que cette partie de la science vocale peut être enseignée et mise en pratique en moins de six mois, lors même que le sujet serait d'ue intelligence médiocre ou présenterait des difficultés considérables dans ses dispositions matérielles ;

c'est-à-dire que ce court espace de temps, s'il est convenablement employé, suffit pour mettre toutes les notes de la voix en dehors, pour les poser, pour les filer correctement et les rendre habiles à toute espèce de *fioriture*.

Quant au perfectionnement de ce mécanisme et de la vocalisation, c'est l'affaire de toute la vie ; car il ne faut pas se dissimuler que Mme Cinti - Damoreau, dont le talent est un modèle de grâce, de souplesse et de goût, fait d'année en année des progrès que des chanteurs consommés peuvent seuls apprécier, tant la correction de cette admirable méthode approche de la perfection qui est impossible à la nature humaine.

La flexibilité et la légèreté de la voix sont le résultat du martellement net et régulier de toutes les notes qui composent un trait, ainsi que de l'égalité de ces no-tes entre elles, malgré le passage des dif-férens registres de la voix.

Ici il devient essentiel de bien s'enten-dre sur les mots, car on donne tant de significations diverses, paradoxales et par conséquent erronées au mot registre ap-pliqué à la vocale, que je suis bien aise de poser à mon tour ma définition com-me simple prolégomène des inductions qui suivront.

Les notes que possède chaque voix se divisent en trois portions : les notes graves, les notes du médium et les notes élevées; il faut y ajouter pour les ténors et les basses chantantes, les notes sur-ai-guës qu'on appelle le fausset.

Le fausset, qui est, aux registres de la

voix, ce que sont les mansardes aux étages superposés d'une maison, forme pour le chanteur une série d'avantages très restreints , presque toujours mal appréciés et souvent improprement employés par les compositeurs eux-mêmes , dans les morceaux d'ensemble où les notes aiguës du soprano s'unissent fort désagréablement à ses sons criards, en raison même de l'analogie qui exite entre elles.

Il ne faut pas oublier qu'un ténor chante une octave plus bas qu'un soprano et que leurs deux voix deviennent identiquement semblables , lorsque celui-ci fait usage du fausset.

Les basses et les ténors sont également pourvus de fausset, et si les basses n'en font pas ordinairement usage, c'est tout simplement à cause du contraste désagréable que présentent des notes aiguës et grêles avec les sons fermes, sonores et intenses des notes naturelles. Les ténors, dont la voix est plus douce et moins mâle, s'accommodent mieux de cet excédant de moyens factices départis aux chanteurs; encore leur faut-il des études bien persévérantes pour déguiser le passage si heurté d'une voix à l'autre. Je dis *voix*, car ici il n'est plus question du registre.

Il existe des ténors, et ceux-là sont les plus rares, qui n'ont point de fausset, mais dont la voix peut, sans changer de caractère, arriver en s'amoindrissant jusqu'aux sons les plus aigus. Rubini est maintenant le seul ténor de ce genre que nous connaissions. Nourrit était aussi un chanteur de cette catégorie exceptionnelle. Nous en demandons bien pardon à

tous les feulletonnistes qui ont gâté d'excellent papier pour nous prouver que
Nourrit et Duprez avaient des moyens
parfaitement égaux; mais il est bon de
remarquer en passant que Duprez étant
un ténor à fausset n'était point, en exécutant la musique composée pour son de-
vancier, dans les données naturelles de
son talent, puisque chacun d'eux devait
trouver des effets puissans et des ressources infinies dans les passages où l'autre
ne rencontrait que des obstacles presqu'insurmontables. C'est à cette simple
différence de moyens qu'il faut attribuer
la supériorité ou l'infériorité de la voix
de Duprez dans les partitions qui ont à
jamais illustré Nourrit. Car tous deux
sont de grands chanteurs qui suivaient
naturellement des routes différentes et

qui n'avaient entre eux aucun rapproche-
ment possible, si ce n'est le talent.

Revenons aux registres; mot sonore et
creux dont une foule de professeurs font
un prodigieux abus, parce qu'ils n'en
comprennent pas le sens.

Les registres ou portions de voix ne
sont nullement égaux entre eux quant
au nombre des notes qu'ils renferment,
et ils varient aussi d'individus à individus.
Les notes de chacune de ces divisions sont
toutes de la poitrine ; la seule différence
qui existe entre elles consiste dans la position du larynx qui exige une modifica-
tion mystérieuse pour exécuter le passage d'un registre à un autre, sans que
la faiblesse de la dernière note du premier, contraste avec la sonorité de la
première note du second.

Les études pratiquées pour faciliter ces transitions en égalisant toutes les notes, concourent en même temps à obtenir la flexibilité et la vélocité nécessaires pour le trait. Ces études consistent en fractions de gammes et en gammes tout entières. Quelle que soit la forme qu'on leur donne, le but est le même. Il ne s'agit que de grouper ensemble des notes qui se suivent dans l'ordre diatonique et sans aucune interruption, soit en montant, soit en descendant. L'unique soin du maître doit se borner à obtenir l'appellation ou martellement parfaitement articulé de chaque note, en veillant à ce que tous les sons soient égaux en force. (Nous ne parlons plus ici de la qualité qui doit être déjà obtenue avant d'arriver aux exercices du mécanisme.)

Quand la voix s'est habituée peu à peu à donner lentement à chaque degré qu'elle monte ou descend, une portée de son exactement semblable et attaquée avec la même énergie, il ne s'agit plus que de presser progressivement le mouvement de chaque étude pour lui donner enfin le caractère du trait et de la *fioriture.*

C'est par ce simple martellement que s'obtiennent le trille, le groupetto, les gammes ascendantes et descendantes, au moyen desquels s'exécutent toute espèce de difficultés.

Quand vous avez ainsi assoupli l'organe, vous n'avez fait qu'accomplir un travail en quelque sorte matériel, une étude préparatoire qui vous ouvre le chemin de l'art, la vocalisation. Nul ne peut s'y engager sans être muni de ces données indispensables, ou du moins on ne le devrait pas, sous peine de rester en route sans obtenir le moindre résultat. C'est ce qui explique le secret de cette foule de talens avortés dont les salons et les théâtres eux-mêmes sont inondés, de ces voix qui ont tout essayé, tout entrepris sans rien perfectionner, parce qu'elles étaient mal dirigées, parce que leurs professeurs inexpérimentés ignoraient que, dans l'art du chant, un pas doit être le résultat raisonné d'un premier pas et la base indispensable d'un troisième.

On comprend, du reste, qu'en indiquant sommairement les moyens d'égaliser les notes d'une voix et de lui donner l'agilité nécessaire, je n'ai pu qu'esquisser à grands traits les principes généraux qui font mouvoir le mécanisme du chant. J'en ai dit assez pour être compris cependant par ceux qui savent, et pour éveiller l'attention de ces dignes amateurs qui demandent des leçons de chant à des professeurs de piano ou de violon, et qui emploient au profit de l'art un temps tout aussi complètement perdu que s'ils le passaient à cracher dans un puits pour faire des ronds comme le bon Schaabaham, de facétieuse mémoire.

CHAPITRE IX.

Lorsque le travail matériel, lorsque les études physiques de la voix sont accomplis, le chanteur entre dans le domaine de l'esthétique. C'est alors seulement que l'horizon de son avenir déroule toutes ses richesses, c'est alors que commencent ses véritables études; car tous ses pénibles exercices qui ont posé, purifié, assoupli son organe et qui l'ont initié aux mystères de la lecture musicale, ressemblent aux diverses parties de l'éducation d'un soldat, qui n'apprend vraiment le métier des armes que sur le champ de bataille.

Quand le chanteur est ainsi créé, il ne s'agit plus que de l'animer, et quand l'intelligence s'est allumée au feu sacré de l'art, il faut la perfectionner. C'est là qu'est la science, et quelle science! Un abyme sans fond dont les plus grands maîtres n'ont jamais touché le tuf, et qui tient toujours en réserve quelque mystère inconnu, même aux vétérans qui ont blanchi dans l'exercice de leur profession.

La prononciation est le chaînon qui lie la partie matérielle à la portion morale du chant, car l'accentuation et l'expression en découlent, c'est-à-dire qu'elles asseoient sur cette base l'édifice de leur travail.

L'enseignement de la prononciation,

quoique fort simple en lui-même, est gé-
néralement aussi mal compris et pratiqué
que tout le reste, la première qualité du
professeur, pour ce qui concerne cette
portion des études du chant étant d'avoir
lui-même une prononciation nette et
franche, c'est-à-dire exempte de tout
vice de langue ou d'accent.

En effet, on comprend qu'ici surtout
le maître doit prêcher d'exemple. Comment voulez-vous qu'il obtienne chez son
élève, au moyen d'un travail spécial et
minutieux, des résultats qu'il a négligés
pour lui-même et qui, par conséquent
lui sont parfaitement étrangers?

L'étude de la prononciation consiste :

1° Dans l'appellation énergique et complète de la consonne qui commence le
mot (je ne parle pas des mots qui commen-

cent par des voyelles, car la pose du son a déjà fait le travail nécessaire pour cet article);

2° Dans l'articulation convenable, sans emphase ni mesquinerie, des consonnes qui relient les syllabes entre elles;

3° Dans la pureté phonique des diph-thongues, celles surtout qui sont naturellement nazillardes, telles que *cin, ens,* etc;

4° Dans l'émission sonore et bien colorée des voyelles qui forment les syllabes et sur lesquelles la voix se repose;

5° Dans le caractère à donner aux syllabes finales ainsi qu'aux *e* muets, l'une des principales imperfections de notre langue relativement à la musique.

Je ne veux point ici paraphraser la leçon de langue du bourgeois gentilhomme et m'appliquer à décrire la position normale des lèvres, de la langue et des dents pour l'application de chacune des consonnes ; non que je regarde ce soin comme inutile, au contraire, mais parce que ces explications dépasseraient de beaucoup le cadre de ce chapitre et qu'elles sortiraient des limites générales de notre résumé. Ceci est l'affaire du maître, la mienne est d'esquisser rapidement les principales données des études du chant, et je me contenterai, bien malgré moi, de démontrer ici l'importance du travail de la prononciation, en indiquant sommairement son principe, son but et ses moyens d'action.

L'appellation de la consonne est plus ou moins intéressante et comporte plus ou moins de vigueur, selon sa position comme commencement de syllabe, de mot ou de phrase. Une grande partie de l'accentuation musicale dérive nécessairement du fait de l'importance que le chanteur donne à ses consonnes. Il existe aussi dans chaque phrase des substantifs ou des verbes sur lesquels porte tout l'intérêt du débit; il y a également des mots dont la prononciation doit être pleine de mollesse et de douceur, d'autres qui doivent être nuls et sacrifiés, comme les prépositions et les particules qui n'ont de valeur que par le mot qui les suit.

Quelle que soit la manière de *confectionner* la consonne, et il importe que cette manière soit aussi bien définie par le maître que correctement exécutée par l'élève; il faut, lorsqu'on veut donner de l'intérêt au mot, que sa première consonne soit en quelque sorte doublée ou même triplée.

Si j'avais assez d'espace pour produire des exemples, je citerais quelques fragmens de phrases qui acheveraient de faire comprendre ma pensée.

Que le chanteur ait à prononcer des mots tels que « *Je serai son vengeur.* » L'importance de la phrase est toute dans le substantif ; la prononciation par conséquent ménage les premiers mots, mais elle s'arrête au V de *vengeur* pour en dessiner par son énergie la sombre expression.

La prononciation des consonnes ou de la consonne dans l'intérieur des mots, lorsqu'elle ne fait point image, comme dans le mot *terrible* qui comporte au moins trois *r*, doit indiquer soigneusement l'orthographe du mot. Dabadie, qui était un chanteur de bonne école, tombait dans un singulier excès de zèle lorsqu'il disait dans le siège de Corinthe:

Que dans les fers il soit pressipité.

La force de la prononciation devait porter sur les deux premières consonnes de ce mot sonore *précipité*.

Les diphthongues n'offrent aux chanteurs que des difficultés relatives. Ceux qui ont fait de bonnes études pour obtenir la pureté du son, n'ont besoin que de faibles efforts pour résister à l'envahissement du nez qui malheureusement joue un grand rôle dans l'émission de l'*m* et de l'*n*, caractéristiques de toute diphthongue. Il s'agit seulement d'appliquer à ces syllabes malencontreuses les procédés qui ont triomphé des sons nazillards, en outrant un peu ce genre de travail.

J'en dirai, à plus forte raison, tout autant de la prononciation des voyelles ; mais je ne suis nullement de l'avis de ces maîtres qui ne reconnaissent que la voyelle *a*. Il faut que chacune d'elles soit pourvue du caractère que définissent les principes de la langue parlée. Soyons Français avant tout lorsque nous chantons du français ; donnons à la langue le caractère qui lui est propre, sans nous préoccuper de son infériorité ou de ses défectuosités musicales.

Et comme dans la langue parlée l'*e* muet s'éclipse totalement, il faut bien se garder de le faire paraître dans le chant où il est alors doublement déplacé. Je sais bien que cette observation s'adresse plus aux compositeurs qu'aux chanteurs; mais les premiers sont parfois entraînés dans cette faute par la prosodie du vers qu'ils ont à mettre en musique, et c'est à l'exécutant d'atténuer l'effet de cette bévue rhythmique.

Une fois la prononciation régulièrement et noblement établie, le chanteur possède alors tous le matériaux nécessaires pour arriver à une bonne accentuation, qui ne doit pas être confondue avec l'expression, quoiqu'il y ait entre elles beaucoup d'affinité. L'accentuation n'est pas autre chose que l'application intelligente et passionnée des principes de la prononciation aux mots chantés. Ici le chant se caractérise et l'art s'anime. Nous n'avons considéré jusqu'à présent la voix que comme un instrument; maintenant, nous avons à l'envisager comme l'interprète de l'âme, et notre tâche va devenir bien délicate, car il s'agit de poser et de développer un principe diamétralement opposé à toutes les règles d'enseignement en usage jusqu'aujourd'hui.

Je dis que quand l'élève est arrivé à ce degré d'instruction qui sépare les études physiques des études morales, ce n'est plus un maître qu'il lui faut; c'est, d'une part, un guide prudent et désintéressé, de l'autre un grand nombre de modèles.

Il faut que l'élève entende nos meilleurs chanteurs, qu'il analyse leur méthode, qu'il en compare les données et les résultats. Il faut qu'il s'étudie à juger les effets et leurs causes, qu'il s'exerce enfin à tirer une induction salutaire des erreurs communes à la tourbe des artistes ordinaires ;

car l'examen attentif et bien raisonné des défectuosités musicales est un excellent préservatif, lorsqu'on peut rapprocher ce tableau de celui qu'offre la perfection.

Si l'intelligence du jeune chanteur est éclairée dans cet important travail analytique par les conseils d'un homme expérimenté, qui consente à s'effacer lui-même pour faire convenablement ressortir les qualités des chanteurs modèles, qui dirige le jugement de l'élève sans lui imposer des opinions toutes faites, vous obtiendrez alors des résultats qui dévanceront de plusieurs années le terme des études.

Ce n'est point ainsi qu'on procède dans les familles et dans les établissemens publics. L'élève n'a qu'un maître qui sert pour quinze ou vingt autres en même temps, et dont la voix n'est nullement en rapport (ainsi que je l'ai déploré précédemment) avec celle de la plupart de ses écoliers. Le professeur apprend un morceau de chant à chaque élève ; ce morceau est ordinairement le même pour chaque catégorie de voix, et il faut que les élèves le chantent en imitant servilement la manière du maître dans ses moindres détails ; qu'ils apprennent par cœur l'accentuation de chaque passage, de chaque note, lors même que cette accentuation serait en opposition directe avec le sentiment et les instincts de l'écolier.

Celui qui copie le mieux est réputé le meilleur élève ; il devient le joyau de la classe, la perle de l'établissement, ou l'orgueil de la famille. Viennent les débuts, soit dans le monde, soit au théâtre, et la jeune merveille se casse le nez, au grand et naïf étonnement de ses prôneurs. Pourquoi cela ? On se le demande long-temps et on se garde bien d'en chercher consciencieusement la cause.

Cette cause, la voici : L'imitation de la nature est le but et l'essence de l'art. Or, cette imitation ne s'obtient pas de seconde main. De plus, on n'apprend pas à sentir ni à exprimer le sentiment : ceci est l'ac-tion passive et active de la pensée, de ce libre arbitre qu'il faut laisser dans ses nobles et inviolables conditions. On ne peut qu'aider le travail de l'expérience et la maturité du jugement par de sages conseils ; faire plus c'est dépasser le but.

Il est bien vrai que quand un chanteur a le profond sentiment de son art et qu'il se sent entraîné par sa destinée, il éprouve tout d'abord le besoin de se débarrasser des langes qui enmaillottaient ses moyens; il comprend qu'il lui faut oublier avant d'apprendre et qu'il importe de marcher en avant sans regarder en arrière.

— C'est un enfant perdu, se dit le professeur.

Seconde déconvenue : Le jeune homme redevenu lui-même avance dans sa force ; chacun de ses bonds est marqué par un succès ; le maître qui l'avait renié ferme alors les yeux sur les erreurs de l'enfant prodigue, et revient à lui pour usurper une portion de sa gloire.

Ce que j'ose dire là sera considéré, j'en suis convaincu d'avance, comme une nouvelle hérésie ; les professeurs crieront au scandale, et ils auront pour cela des raisons qu'ils se garderont bien de déduire. Mais j'aurai pour moi tous les bons esprits qui cherchent le progrès ailleurs que sur les sentiers battus de la routine et qui se gardent bien de considérer l'avenir de l'art à travers le prisme des préjugés.

On comprend maintenant qu'il me reste peu de chose à dire concernant l'expression, du moment où je l'affranchis des règles de l'enseignement.

Ce n'est pas que j'admette la spontanéité au lieu et place du travail. Les effets imprévus sont de bonne guerre au théâtre; mais ils sont dangereux et ils ne sont bons qu'à retenir, comme toute autre étude, quand le succès les a légitimés. Je crois qu'il faut qu'un chanteur approfondisse son rôle sous toutes ses faces, qu'il multiplie les essais et qu'il en arrête ensuite les effets d'une manière invariable, après s'être aidé toutefois des impressions du public à la première représentation. Mais ce travail, qui est à proprement parler celui du débit, qui aide l'accentuation du chant par le jeu de la physionomie et par le geste, doit être celui de la nature et non pas celui de l'imitation. Les conseils, quand ils sont bons, n'y gâtent rien ; mais encore faut-il qu'ils soient bons et qu'ils ne dégénèrent pas en leçons, comme les avis de notre confrère Planche à messieurs les comédiens ordinaires du roi.

Quant à l'expression appliquée à la musique de chambre, je la regarde comme un abus condamnable. Au théâtre, l'artiste doit être mime aussi bien que chanteur ; dans un salon il faut qu'il se borne à émettre de la musique avec les seules et amples ressources de l'accentuation qui peut suffire à tous les succès. Il ne faut pas oublier que l'expression qui ne peut plus s'aider du prestige de la scène, du costume et de l'action dramatique, devient boîteuse derrière un piano. Elle ne saurait exciter parmi les assistans que ce sentiment de gêne qui résulte d'un fait accompli hors de sa nature.

Le chanteur de salon doit renoncer aux moyens scéniques; et, pour le dire en passant, il est mal séant d'y suppléer par ce petit tortillement des épaules et du torse qui est censé exprimer la violence contenue de la passion. Ce mouvement, inventé par un chanteur à la mode, et tombé dans le domaine public, nous semble une fort triste parodie du sentiment. Le vice de tous ces effets de convention

est de manquer de véri téet de faire grima-
cer l'expression qui, je le répète au risque
de commettre un nouveau crime de
lèze-préjugé, n'est pas à sa place dans un
concert.

Troisième Partie.

Des divers caractères de la Musique vocale.

CHAPITRE X.

De la Musique religieuse.

Existe-t-il encore une musique religieuse? — Peut-elle exister hors des conditions où les anciens l'avaient placée ?

La première de ces questions nous semble étroitement unie à des principes de politique éventuelle ; la seconde se lie à la situation de nos croyances religieuses. Ces deux sujets, nous les aborderons avec la franchise d'un artiste et sans arrière-pensée.

Procédons avec ordre :

La musique d'église s'adresse aux masses, il est vrai, mais sans flatter leurs passions et dans le seul but d'é-veiller des sentimens graves et solennels; elle ne saurait, comme la musique dra-matique, lever un tribut aléatoire sur la curiosité du public et sur son goût pour le plaisir. De tout temps, la musique re-ligieuse a été l'objet d'une sollicitude gouvernementale, et dans chaque pays où le pouvoir sait apprécier le prix des influences morales sur le peuple, il fait tous les frais de ces importantes institu-tions.

La France, nous n'hésitons pas à le dire, s'était placée sous ce rapport en avant des autres nations. La chapelle-musique de l'empire et de la restauration n'avait rien à envier à la chapelle sixtine elle-même. Le prestige de son exécution vocale et instrumentale, ses magnifiques oratorios anciens et modernes, offraient des modèles raphaëliques à l'étude et à l'admiration de nos contemporains.

Oui, à cette époque, la musique religieuse existait encore en France. Dépouillée de toutes les maîtrises où rayonnait autrefois son ancienne splendeur, elle n'avait plus qu'un seul asile, il est vrai, mais cet asile était un sanctuaire digne d'elle et des souverains qui l'y recueillaient.

La restauration, loin de lui donner une extension plus large et plus glorieuse, avait au contraire écorné ses attributions et rogné le budget que lui avait assigné la munificence impériale. Puis le tourbillon de juillet 1830 vint emporter le reste d'un seul coup. La trombe révolutionnaire écrasa l'édifice, et la pauvre musique religieuse, broyée sous l'étreinte du géant qui venait de renverser un trône, se réfugia languissante et percluse au Conservatoire de musique, où elle fait entendre à de longs intervalles, dans une salle de concert, des soupirs incompris, des lamentations profanées.

Au moment où le flot de la fureur populaire roulait son écume sur les derniers débris de la musique sainte, nous, hommes de paix et d'étude qui, comme tant d'autres, avions pris les armes pour la cause de nos libertés attaquées, lorsque nous arrivâmes couverts d'une sueur sanglante et le fusil à la main dans cette chapelle jadis vénérée, où notre voix s'était si souvent fait entendre, lorsque nous vîmes les tristes souvenirs du passage des vainqueurs qui jonchaient le marbre du lieu saint, ces barbares mutilations éveillèrent tout d'un coup dans nos pensées de sombres réflexions sur le grand acte à l'accomplissement duquel nous avions concouru. L'avenir des arts se déroula devant nous, sinistre et menaçant, et nous aperçûmes sur le premier plan de ce tableau de désolation, la ruine de la musique religieuse.

En effet, la réhabilitation de la monarchie en France protocolisa des restrictions qui frappaient tout d'abord sur l'ancienne majesté du trône, puis sur la puissance usurpée du clergé. L'institution de la chapelle-musique se liait étroitement à l'une et à l'autre, elle portait particulièrement ombrage à la révolution, qui grondait encore sous son cratère éteint. Cette institution à jamais regrettable fut sacri-fiée au vandale patriotisme, qui voulait voir une atteinte liberticide dans un fait purement artistique. La musique reli-gieuse fut condamnée au silence et à l'oubli, sans qu'une seule des mille voix de la presse périodique s'élevât en sa faveur, si ce n'est la nôtre; et cependant, la presse est l'amie des arts, et se dit l'or-ganede cette population éclairée qui veut le progrès!

Ce qu'il y a de remarquable dans cette œuvre de démolition, la honte de notre époque artistique, c'est que dans l'une des phases de la restauration actuelle qui réhabilite peu à peu et avec raison les anciennes coutumes bonnes à conserver, la chapelle royale a été rendue au culte sans que l'opposition y trouvât la moindre des choses à redire, tandis qu'elle a jeté les hauts cris lorsqu'une fausse nouvelle lui a fait supposer que la chapelle-musique allait être rétablie.

Rassurez-vous, messieurs; l'art qui a immortalisé Palestrina, Pergolèse, Haydn, Mozart et Lesueur, est bien et dûment banni à perpétuité de la France. Le type des grands effets de la musique a été relégué dans les bibliothèques. Vous avez démoli de fond en comble ce foyer de science, où les artistes de tous les pays allaient retremper leur génie, l'académie sainte où vos jeunes compositeurs allaient chercher de sublimes inspirations et de nobles enseignemens.

Pas un de vous, libéraux que vous prétendez être, ne s'est levé pour imposer silence aux clameurs irréfléchies de ces journalistes sans nationalité, qui déchiraient impitoyablement les pages les plus glorieuses de l'histoire de l'art en France. Si notre voix eût été assez haute, nous aurions été cet homme-là. Nous aurions crié aux gouvernans comme à l'opposition : Grâce pour l'art que vous immolez ! Respect à cette source vénérable et sacrée, dont vous souillez le lit, dont vous allez tarir les flots !

Nous aurions essayé de démontrer aux uns et aux autres que la chapelle n'est point un symbole, ni pour la majesté royale, ni pour la puissance du clergé, mais simplement une bannière pour la science. Nous aurions dit au roi : Sire, vous aimez les arts; celui de la musique a droit à votre royale protection, et vous ne pouvez mieux la signaler qu'en réédifiant l'asile où étaient précieusement conservées les saintes doctrines et les respectables traditions de nos premiers maîtres !

Malheureusement notre nom n'a point toute l'autorité qu'il faudrait pour donner de la puissance à nos paroles, et nous ne pouvons que faire des vœux ardens pour qu'elles germent dans l'oreille d'un de nos princes de la littérature, qui puisse un jour nous servir d'interprète.

En attendant, nous croyons avoir démontré que la musique d'église était étroitement garottée avec la politique, bien qu'elle lui soit naturellement étrangère. Il nous reste à prouver maintenant qu'elle est unie, par des liens plus rationnels, au progrès de nos croyances religieuses, et nous répondrons en même temps à la seconde des questions posées : La musique d'église peut-elle exister hors des conditions où les anciens l'avaient placée?

Ici nous nous sentons sur un terrain scabreux ; la question devient éminemment religieuse : mais si nous la traitons avec la décence qu'elle exige, il nous semble qu'on ne pourra pas arguer contre nous d'une diffusion en apparence étrangère au sujet ; car il nous est impossible d'établir la nécessité d'une musique religieuse, sans examiner préalablement les conditions dans lesquelles se trouve la religion elle-même, dont ce genre de musique est en quelque sorte l'organe.

Les adeptes de la philosophie voltairienne, école d'athéisme et d'indifférence

en matière de religion, ne manqueraient
point de déclarer ici que la musique religieuse étant l'expression de sentimens
éteints, la formule d'une croyance usée,
il en résulte que les conditions de son
existence lui manquent, et qu'elle ne peut
plus vivre dorénavant que par ses reliques
et dans nos souvenirs.

Les dépositaires de cette doctrine, si
florissante au commencement du siècle,
ont cela de commun avec les doctrinaires,
de quelque nature que soient leurs principes philosophiques ; c'est qu'ils généra-
lisent leur système comme si la majorité
s'y rattachait nécessairement. Ainsi leurs
argumentations partent ordinairement de
ces prémisses toutes simples : « Aujour-
d'hui qu'on ne croit plus en Dieu , » ou
encore : « Maintenant que le flambeau

» de la vérité éclaire les peuples, et qu'ils
» savent apprécier à leur juste valeur les
» jongleries de la religion, etc.... »

Ouvrez les yeux, vaniteux retardatai-
res, et voyez les hommes, fatigués du
doute et de l'incrédulité, revenir à la
religion de leurs pères. Voyez le respect
des choses saintes se répandre tous les
jours davantage au milieu de la population vraiment éclairée.

Remarquez donc avec nous que la dé-
votion exagérée des Bourbons avait mis
l'hypocrisie à l'ordre du jour, et que par
conséquent elle avait éloigné des autels
une foule de cœurs généreux qui crai-
gnaient de voir leur piété confondue avec
la bigoterie courtisanesque. Remarquez
aussi que depuis l'époque où la religion a
cessé de faire cause commune avec le

pouvoir, elle n'est plus qu'une affaire de conscience, et que les opinions lui sont ouvertement revenues ; et cela au point que la simple politesse a fait de l'athéisme une chose de mauvais goût dans le monde.

Malheureusement l'incrédulité, qui se manifestait autrefois parmi les hommes de la classe supérieure, a gagné les prolétaires ; et, tandis que la partie élevée de la population revient aux doctrines religieuses, les sentimens populaires, qui se traînent à sa remorque, attendent encore les bons effets de cette réaction.

Le catholicisme, dit l'école voltairienne, tombe de vétusté. Nous soutenons, nous, que le catholicisme est encore dans son enfance, ou que du moins sa morale n'est point encore en pleine sève. Les peuples n'ont pas encore achevé

de comprendre ce vaste principe d'af-
franchissement ; ils regardent encore
comme des chaînes ces liens qui unissent
l'homme à l'homme, et le mortel à Dieu
lui-même. Ils menaçaient naguère les
églises au nom de la liberté, les insensés !
Ils ne comprenaient pas que leurs simu-
lacres de libertés humaines ne font que
rendre les hommes égaux en droits, tandis que la religion du Christ en fait des
frères. Ils ne voient pas que leurs lois ne
veulent que la justice de chacun à chacun, tandis que le catholicisme veut la
charité, c'est-à-dire le dévouement com·
plet de l'homme pour l'homme. Ils ne
sentent pas que ce grand principe de la
confession, qui met le cœur à découvert,
en chasse l'égoïsme, cette lèpre inguéris-
sable par des moyens humains, et qui

rend aujourd'hui toute république impossible. Ils ne devinent pas, enfin, que
cette loi générale, qui fait des peuples
une seule famille, peut seule extirper
tout germe de guerre et de désastres.

Mais si toutes ces grandes vérités sont
encore obscures pour les masses, les
temps sont arrivés où leur raisonnement
y portera ses propres lumières. Le siècle
marche, et le bien-être des peuples pro-
gresse tous les jours avec son instruction. Les prévisions du Christ se réalise-
ront, et son œuvre, en achevant de
s'accomplir, achèvera aussi la régénéra-
tion de l'univers.

Telles sont du moins nos croyances et
celles de bien d'autres. Il n'est donc pas
vrai de dire que la religion chrétienne

s'éteint, ou que ses principes tendent à s'effacer et à disparaître entièrement.

Or, si le catholicisme, écrasé pendant quarante ans sous le poids d'une révolution et d'une contre-révolution, survit aux coups que lui a portés l'athéisme, et surgit aujourd'hui plus glorieux qu'il ne l'était avant ses mauvais jours, la musique religieuse, qui est l'expression de ses sentimens, se trouve encore, sous ce rapport du moins, dans les conditions où nos pères l'avaient placée.

Mais pour que la musique d'église obtienne les résultats qu'ont rêvés les maîtres de chapelle en la composant, croyez-vous qu'il suffise de la réunion d'une certaine quantité d'excellens artistes, tels que ceux du Conservatoire, par exemple? Non certes; il faut à la musique religieuse les grandes voûtes des cathédrales, il lui faut l'accompagnement mystique d'un prêtre officiant à l'autel. Et de même que les oratorios sont faits pour ouvrir l'âme aux besoins de la prière, et pour l'exalter jusqu'à la contemplation du créateur, de même aussi l'œuvre de l'oratorio reste incomplète dans son exécution, si son but lui est arraché ou s'il n'est plus qu'une fiction. La partition sacrée se ravale dès lors jusqu'à la comparaison d'une triviale exécution d'opéra-comique devant les banquettes vides d'une salle obscure.

Ceci explique tout naturellement, suivant nous, le peu d'effet que produit à l'Opéra le magnifique *Dies iræ* de Mozart, supérieurement exécuté dans le final de *Don Juan*. Là, malgré les pres-

tigcs de la scène, les diableries qui l'ac-
compagnent, l'ensemble remarquable de
l'orchestre et des chœurs, ce terrible
fragment d'harmonie mortuaire aban-
donne l'âme à ses distractions habituel-
les. Exécutée par des musiciens médiocres, dans une église et devant une bière,
l'œuvre de Mozart éveille en vous, dès
les premieres mesures, un frémissement
qui ne vous quitte plus qu'à la cadence
finale.

Et, de même qn'il n'est pas exact de
dire que les masses intelligentes ont
abandonné toute croyance religieuse, il
serait tout aussi faux d'avancer qu'elles
sont devenues insensibles à l'effet de la
musique d'église. Nous soutenons, au
contraire, que la foule recherche avec
avidité les sensations extraordinaires

qu'excite en elle l'imposante exécution d'une messe musicale. Celles qui ont été chantées aux services de Choron et de Boieldieu (1), dans l'église des Invalides, avaient appelé de tous les points de la capitale, un concours immense. Et bien la gravité toute pleine d'une décence religieuse qui régna dans cette cohue, malgré les élémens hétérogènes qui la composaient et sa gêne dans cette grande église devenue trop petite pour elle, cette gravité, disons-nous, témoignait assez de son respect pour les choses saintes, et de son admiration pour les chefs-d'œuvre de nos premiers maîtres.

Nous disons donc hardiment que l'in-

(1) Nous citons ces services particuliers, parce qu'ils étaient exempts de la pompe qui contribuait à attirer la foule lors des grandes cérémonies funèbres qui ont eu lieu depuis.

fluence de la musique religieuse n'a rien perdu de sa puissance primitive ; son résultat relativement à la religion serait toujours le même, et celui qu'elle obtiendrait sous le rapport des mœurs ne serait pas douteux.

Résumons-nous :

1° La musique religieuse n'existe plus par le fait, mais elle existerait dans un mois, si l'administration prenait une fois la résolution de protéger, non pas les artistes, qui n'ont pas besoin de protection, mais l'art lui-même, qui ne peut vivre sans l'appui gouvernemental.

2° La musique religieuse, sous le rapport de son expression et de son but, ne saurait en effet se maintenir hors des conditions où les anciens l'avaient placée;

mais elle est encore aujourd'hui dans ces mêmes conditions.

Ce que nous avons dit est le résultat de convictions profondes et raisonnées. Nous concevons cependant qu'on puisse avoir une opinion diamétralement opposée à la nôtre, en matière de religion surtout, et nous ne doutons pas qu'un bon nombre de nos lecteurs ne trouve que nous nous sommes étendus avec trop de complaisance sur ce chapitre là. Mais loin de demander grâce pour notre proxilité, nous ferons remarquer encore une fois que nous ne pouvions traiter la question de l'existence de la musique religieuse, sans parler de la situation actuelle de la religion, qui en est toute l'essence.

—

CHAPITRE XI.

De la Musique dramatique, et subsidiairement de
la Vulgarisation de la musique.

Il ne sera pas hors de propos de faire
connaître ici l'origine de la musique dramatique, dont Lulli n'est pas l'inventeur
comme bien des gens le supposent, mais
qu'il purifia tout d'un coup au feu de son
génie et qu'il naturalisa rapidement chez
les Français , qui avaient toujours re-
poussé jusque-là les essais risqués par des
hommes sans portée pour introduire ce
genre de divertissement.

Ce fut aux noces de Ferdinand de Mé-
dicis avec Christine de Lorraine, à Flo-
rence et dans le commencement du sei-

zième siècle que fut représenté le premier drame lyrique qu'on ait entendu jusqu'alors. Il était intitulé : *Combat d'Apollon et du Serpent*. Cet opéra, dont la contexture poétique présentait une suite de scènes qui n'étaient pas dépourvues d'arrangement et de vraisemblance, offrait, sous le rapport musical, une succession de mélodies naïves, de chœurs et d'intermèdes chantés à plusieurs voix. L'effet en parut satisfaisant ; c'était le premier essai d'un genre plus relevé que celui des mystères qui figuraient à toutes les fêtes de l'époque.

Dans cet opéra, comme dans tous ceux qui furent composés alors, l'expression de la musique était à peine en rapport avec le sentiment des paroles, car les musiciens n'employaient que les arides ressources du contrepoint, inventé par

Dufay sur la fin du quinzième siècle, et perfectionné vingt ou trente ans plus tard par Josquin. Toute cette musique, bâtie sur des sortes de madrigaux en dehors de la pièce, était *da suonare e da cantare*, c'est-à-dire que les instrumens accompagnaient les voix en faisant les mêmes parties qu'elles.

La basse continue n'était pas découverte alors ; ce fut Monteverde qui l'employa le premier : ce maître, l'un des pères de la musique, acheva de faire connaître l'harmonie tonale et fit servir le premier, comme consonnance, la quinte mineure jusqu'alors réputée comme dissonance. C'était à Lulli qu'il était réservé de combler par des parties intermédiaires le vide de l'orchestre et d'offrir, par l'emploi de la seconde diminuée, des effets inattendus et réprouvés jusque-là.

Une fois l'impulsion donnée, les essais dans le genre dramatique se succédèrent avec rapidité. *L'Aminte* du Tasse et une pastorale de Transille, dont le jésuite Marota fit la musique, furent représentées bientôt après le *Combat d'Apollon et du Serpent*, avec une grande magnificence, à la cour de don Garin de Tolède, vice-roi de Sicile. Le *Sacrifice* fut joué à Ferrare ainsi que *l'Infortunée* et *l'Aréthuse*.

Emilio del Cavaliere modifia un peu plus tard l'allure pesante du contrepoint et fit quelques innovations heureuses dans le genre de la pastorale. Le célèbre Galilée tenta de ressusciter les formes de la musique ancienne ensevelies sous les ruines du bas-empire ; il fit à ce sujet d'opiniâtres études sur les modes et les genres de la musique des Grecs ; puis il appliqua la pratique aux données de la théorie, et les essaya dans son opéra du *Comte Ugolin*, avec un plein succès.

C'est de ce travail que naquit ou renaquit le récitatif, chant libre, dégagé des règles de la mesure, et dont les formes, éminemment dramatiques, doublèrent les ressources du genre. Comme il arrive en toute chose, la médiocrité gâta cette utile découverte en la poussant jusqu'à l'abus. La vogue du récitatif détrôna l'harmonie, et, pendant longtemps, les opéras ne furent plus rien qu'une déclamation notée. Et cependant, ces fastidieuses productions charmaient le public d'alors, qui applaudissait avec enthousiasme au progrès qu'avait faits l'art, et qui s'imaginait que rien de mieux ne pouvait être inventé. Chaque innovation reproduisit et reproduira toujours le même préjugé.

A tout prendre, si l'on considère la faiblesse des moyens d'exécution, l'imperfection des instrumens et l'ignorance profonde où l'on était alors des règles du chant, on doit être étonné des effets qu'obtenaient les compositeurs de ce temps. Nous en déduirons ce grand principe : c'est que la vérité de l'expression, qui seule suffisait alors au succès des opéras, est la source première de tout bon résultat dans les arts, dans celui de la musique surtout, et qu'avant de séduire l'oreille par l'arrangement des sons il faut songer à satisfaire l'esprit par l'expression de la mélodie, c'est-à-dire par le sentiment des convenances dramatiques.

Quant à l'opéra bouffe, sa première apparition remonte aux dernières années du seizième siècle. Vecchi fit jouer à Venise, en 1597, son *Ansi-Parnasso*, assez

médiocre pantalonnade, où l'on enten-
dait Arlequin débiter de lourdes mélo-
pées, qui ne se distinguaient en rien de
celles qu'avait adoptées le genre sérieux.

Du reste, en attribuant à l'Italie l'invention de la musique dramatique proprement dite, ce serait une injustice de
passer sous silence les efforts que firent
les musiciens français pour introniser ce
genre.

Le *Ballet comique*, representé en 1582,
à Paris, peut être considéré comme un
type dont les formes ont été consultées
même par les Italiens. Beaulieu, l'auteur
de cette pièce mélo-dramatique, parais-
sait avoir compris dès lors les exigences
de la scène. Malheureusement son talent,
dépourvu de verve et de couleur, n'avait
point les qualités nécessaires pour faire

école. Et cependant il est convenable de remarquer que cette production bâtarde créa le genre des *ballets chantés*, qui furent pendant près d'un siècle les seules compositions lyriques exécutées sur le théâtre français ; elle fut peut-être le point de départ d'où s'élança Lulli pour arriver jusqu'à son *Armide.*

Lulli est pour l'opéra français *Principium et fons*, car il n'eût d'autres prédécesseurs dans le genre qui l'a illustré que l'abbé Périn, fondateur et premier directeur de l'Opéra, dont le privilège commença en 1669, pour expirer en 1672.

Cet abbé Périn, poète médiocre et musicien fort inhabile, eut le premier l'idée de faire entendre à Paris des opéras à l'imitation de ceux qu'on exécutait depuis quelque temps en Italie. Il en composa quatre qui n'eurent aucun succès et dont les titres ne nous sont pas même restés. On peut donc considérer les résultats immédiats de cette malencontreuse tentative comme non avenus.

A partir des compositions de Lulli, qui font souche pour notre musique dramatique, jusqu'en 1827, époque où fut représenté *Moïse* sur la scène de l'Académie royale de Musique, la tragédie lyrique n'eut qu'une seule phase. Le genre peu à peu perfectionné traversa près d'un siècle pour arriver intact aux mains de Gluck, qui le glorifia de son génie sans le modifier essentiellement. La noblesse et l'ampleur des récitatifs, la simplicité des cantilènes et la pauvreté de l'instrumentation, formaient toujours le cachet de l'école vénérable, dite française. Les modernes eux-mêmes qui résistaient bravement à l'envahissement progressif des nouvelles formes, soutenaient de toutes leurs forces l'antique et respectable usage. Vainement Lesueur avait fait entendre sa musique si originale et si romantique des Bardes et de ses autres opéras, les génies préconisés continuèrent le genre. Spontini produisit un peu plus tard deux chefs-d'œuvre qui divinisèrent l'ancien système et le maintinrent jusqu'en présence du talent le plus novateur de notre siècle. Ce fut à Rossini qu'il fut donné de détrôner la tragédie lyrique et d'opérer une révolution complète dans le fond et dans la forme de la musique dramatique.

L'examen approfondi de ces précédens,

quelque important et glorieux qu'ils puis-
sent être, ne saurait entrer dans le plan
de cet ouvrage. Je lui prépare ailleurs
une large place dans mon histoire générale de la musique dramatique. Je n'ai
pu qu'esquisser rapidement ces données
successives pour arriver à l'état actuel
de l'art qui doit seul nous occuper.

La révolution qui s'est opérée dans les
formes de la musique dramatique date de
l'apparition de *Moïse* sur la scène française. Le *Siége de Corinthe*, qui avait fait
pressentir ce grand évènement dans les
fastes de l'art, mettait en présence depuis
un an les partis qui représentaient deux
opinions entièrement opposées de principes et de formules. Dans l'un des deux
camps se retranchaient tous ces vieux

esclaves d'une règle sage, basée sur l'imitation de la nature, sur l'expression correcte et toujours convenable des sentimens qui animent le drame ou la comédie. Dans l'autre se ruaient toute la jeunesse des écoles, les esprits avides de nouveautés, les capacités médiocres, les plagiaires et les amateurs blasés. C'était la lutte du passé contre l'avenir ; les résultats n'étaient pas difficiles à prévoir.

Du moment où l'énergique volonté des jeunes hommes secouait le frein que l'expérience de leurs devanciers imposait à leur fougue et à leurs écarts, du moment où l'école en venait à mépriser ouvertement l'opinion qui régentait autrefois les œuvres de l'art, une entière subversion devenait inévitable.

Le révolutionnaire en chef, le Napoléon de la musique, brilla sans rival sur l'arène déserte ; le cuivre instrumental proclama les bruyantes conquêtes de Rossini ; les formes de son style furent adoptées comme le type de l'élégance ; le mode de son instrumentation fit école, et plusieurs centaines de génies adolescens se mirent à glaner dans les champs que moissonnait le génie du maître.

Un très petit nombre d'hommes affranchis des préjugés et des coteries s'étaient posés juges du camp et surveillaient les progrès de la querelle avec impartialité, mais non pas sans passion ; car les arts, celui de la musique surtout, ne peuvent pas être appréciés avec la froide précision du scalpel anatomique.

Quelques uns de ces athlètes, pesamment armés de logique musicale et bardés

de contrepoint, descendirent dans la lice
pour rompre une lance en faveur des traditions ; ils argumentèrent bravement
contre la foule des feuilletonnistes du
petit format, ces hussards de l'opposition
rossinienne. On se jeta des mots sanglans,
des quolibets rudes, et la polémique se
continua vive et serrée pendant plusieurs
mois. Chacun suivant l'usage se garda
bien de modifier son opinion, malgré les
lumières qui jaillissaient du choc des
idées; mais le temps, ce grand appréciateur
des choses et des hommes, est venu soumet-
tre les nouvelles doctrines à de solennelles
épreuves, et nous nous demandons pourquoi ces rhéteurs qui en avaient appelé de
l'ivresse momentanée à la disette future,
n'élèvent pas maintenant la voix pour
reprendre la discussion au point où ils

l'avaient abandonnée de guerre lasse. L'époque n'est-elle point assez mûre pour la transition et la fusion des principes?

Vous avez semé les orages et vous recueillez la tempête; vous avez lâché la bonde aux grands effets de la musique, et le tapage instrumental a noyé les effets qui reposaient sur l'emploi des masses harmoniques et sur le bruit. Vos concerts-monstres et vos monstrueux opéras ont blasé les oreilles de la foule; vos éternelles et inévitables explosions de grosse caisse et de cymbales ont perverti le goût; vos accompagnemens de chaises cassées et vos *rinforzando* à coups de pistolet (1) ont

(1) M. Musard a composé il n'y a pas encore bien longtemps pour les concerts de la rue Vivienne une contredanse intitulée *la Chaise cassée*, où l'un des exécutans brisait effectivement une chaise. Le même maître a fait une autre contredanse contenant un *rinforzando* terminé par un coup de pistolet;

beau faire peur aux petits enfants, il n'y a plus de grands résultats possibles dans le brouhaha général; car le canon ne peut être tiré bien régulièrement en mesure, et je ne pense pas qu'une dernière innovation puisse affranchir la musique des préjugés du rhythme.

L'un des plus fameux compositeurs dont se soit enorgueillie l'école française (1) disait à ses élèves : « Sur vingt tentations que vous éprouverez d'employer dans votre orchestre des effets d'harmonie, gardez-vous d'y céder plus d'une fois! » Que dirait ce maître si sage dans l'emploi des moindres ressources de la

si mon livre a quelqu'avenir, je suis bien aise qu'il consacre ces extravagances musicales et l'aberration du goût qui les a tolérées.

(1) Lesueur.

musique, s'il voyait aujourd'hui sur la scène des villageois danser au son de la grosse caisse et avec tout le fracas que comporterait un épisode militaire dans un drame de haute portée? En vérité, si la richesse de notre instrumentation est un bienfait que l'on doit à la verve de Rossini, l'étrange abus qu'en font ses imitateurs en diminue tellement le prix à mes yeux, ou, si vous l'aimez mieux, à mes oreilles, que je serais presque tenté de déplorer l'apparition de ce brillant génie, si ses chefs-d'œuvre n'étaient pas là pour me faire oublier quelquefois les exécrables copies qu'en tire la médiocrité.

Mais ne désespérons point de l'art ni des artistes : une révolution, qu'elle soit politique ou musicale, a des principes et des résultats invariables ; ses diverses phases d'action et de réaction ressemblent, comme on l'a dit trop souvent peutêtre, aux oscillations d'un balancier que règle tôt ou tard l'expérience. Nous ne sommes peut-être pas loin du moment où les saturnales de la musique et les ridicules exigences de la mode qui mène ce carnaval odieux, feront place à l'ordre et au bon goût, c'est-à-dire aux règles de la nature, de cette nature toujours simple, toujours vraie, quelquefois grandiose ou terrible, mais jamais extravagante.

Ce qui me rassure sur l'avenir de la musique, c'est sa tension bien déterminée à devenir de plus en plus populaire. Ce n'est pas seulement des temples et des autels qu'il faut à son culte, c'est maintenant dans chaque maison de la bourgeoisie et jusque dans la demeure du pauvre qu'elle va chercher des hommages. Elle envahit tous les salons, elle se glisse dans toutes les habitudes ; elle fait la base ou le complément de toutes les récréations ; elle occupe enfin une place importante dans l'éducation de la jeunesse.

C'est qu'en effet c'est dans l'harmonie que l'ame, fatiguée des travaux de la journée, a besoin de se retremper pour faire face aux travaux du lendemain ; c'est dans le charme saisissant d'une belle exécution musicale que l'esprit oublie ses calculs et qu'il endort son activité, pour laisser au corps, reposé par ce bain de mélodie, le suave engourdissement qui répare ses forces et double sa vitalité.

Mon opinion est que la haute influence de la musique sur les masses est d'un immense intérêt pour l'amélioration des

mœurs populaires, et qu'il est, par conséquent, du devoir de l'administration publique de favoriser de semblables dispositions. Mais, comme cette doctrine a été
depuis quelque temps l'objet d'une controverse qui ne manque que d'ensemble et
d'un champ clos pour devenir sérieuse,
il ne sera pas sans intérêt d'examiner ici
les conséquences que les deux partis opposés tirent de la vulgarisation musicale,
de ses effets immédiats, de ses résultats
probables.

Ceux qui applaudissent au goût que
montre le peuple pour la musique, et qui
exaltent l'heureuse influence de l'art dans
les classes inférieures de la société, me
paraissent trop préoccupés du fait accompli pour juger sainement des moyens qui
ont amené ce fait dont les conséquences

sont loin d'être parfaites. La musique, telle que nous l'entendons partout ailleurs que dans l'enceinte où retentissent les accords de Rossini, de Meyerbeer et d'Auber, avec la pureté d'une exécution convenable, est loin d'offrir les conditions nécessaires pour opérer sur les masses les salutaires effets que nous avons dépeints plus haut.

Il faut bien en convenir, la musique, en même temps qu'elle pénètre plus avant dans les mœurs et dans les habitudes plébéiennes, perd chaque jour de son pouvoir, et se dépouille de son caractère de noblesse ou d'élégance pour se prêter aux ignobles vues des industriels qui se font directeurs de spectacles ou de concerts : la musique n'est plus un art, c'est un métier.

Pour satisfaire à l'avidité de ces gagneurs d'argent, et pour flatter le goût peu exercé du public au lieu de l'éclairer, un genre nouveau a été créé, dont le succès (je le dis à la honte de notre époque) rivalise avec le drame et la symphonie : c'est la contredanse. On écoute à présent un quadrille de Musard et de Jullien avec l'attention bienveillante qu'on n'accorde plus aux productions d'Haydn et de Mosart, les Rubens et les Raphaël de la musique.

Ce qui nuit considérablement, d'une autre part, aux progrès du goût musical, et par conséquent de la musique elle-même, c'est qu'en France, ou pour parler plus exactement, à Paris, nous avons quatre ou cinq grandes écoles génératrices qui n'ont entre elles aucune affinité de principes et de résultats. Ces écoles-là sont les différens théâtres lyriques et les concerts quotidiens où la population va puiser des données générales qui ne se ressemblent pas plus entre elles qu'un habitant du Congo ne ressemble à un fashionable du boulevart de Gand. Un habitué de Favart ne parle pas en musique la même langue qu'un *dilettante* du balcon des Italiens, et celui-ci n'est point du tout à la hauteur des Germaniques de l'Académie royale de Musique ; comme à son tour l'amateur de l'école allemande se trouve mal à l'aise dans le sanctuaire du Conservatoire, vrai Panthéon musical, où toutes les gloires sont canonisées, où tous les génies fraternisent, où toutes les nations parlent le même idiôme et professent le même culte.

Ce juste-milieu artistique se placerait assez naturellement dans les concerts quotidiens, qui réuniraient tous les élémens d'un enseignement véritablement populaire, si l'administration leur accordait la faculté de chanter. Les directeurs industriels de ces établissemens ne demanderaient pas mieux que de continuer à s'enrichir tout en faisant tourner au profit de l'art les ressources de leurs puissans orchestres, et les talens incontestables d'habiles musiciens, qui ne jettent leur harmonie au vent qu'en désespoir de cause.

Maintenant j'arrive aux objections que présentent les détracteurs de la vulgarisation musicale, et je ne désespère pas de les réfuter victorieusement les unes après les autres.

Quelques moralistes, dont je ne conteste point la haute capacité, prétendent que l'influence de la musique, considérée dans ses rapports avec l'éducation, est plus nuisible qu'utile, dans ce sens que si elle adoucit les mœurs elle énerve en même temps le caractère, développe jusqu'à l'excès les sentimens tendres, éveille les passions assoupies dans les ames adolescentes, et inspire le désir de briller ; désir toujours dangereux pour le premier âge, pour les jeunes filles surtout, et qui les conduit, par des transitions imperceptibles, à la coquetterie, *et cætera*.

Ces inconvéniens-là sont fort sérieux sans doute, on ne saurait en dissimuler l'importance ; mais l'objection qui les pose comme inévitables est plus spécieuse que solide.

En effet, qu'on nous cite une seule institution humaine qui n'ait point ses abus, une seule qualité qui ne puisse être transformée en un déplorable défaut, si elle est poussée jusqu'à l'excès. L'influence de la musique, comme toutes les autres choses bonnes en elles-mêmes, ne saurait échapper à ce caractère d'imperfection générale, mais elle ne l'admet pas plus particulièrement qu'aucune autre bonne chose.

« La musique énerve le caractère. » Oui, sans doute, si on la pratique incessamment, de manière à produire le phénomène hygiénique du ramollissement de la fibre, au moyen de la surexcitation constante des nerfs et de la fatigue des sens. Mais si l'étude musicale est discrètement mesurée aux moyens progressifs de l'adolescent, si elle est coupée par des travaux hétérogènes et par des récréations gymnastiques, soyez assuré que le jeune musicien conservera toute l'énergie de son caractère, toute la fougue des inspirations naturelles.

« La musique développe jusqu'à l'excès les sentimens tendres. » Elle le pourrait du moins; mais, de même qu'un habile cultivateur sait fertiliser une prairie en empruntant au lac voisin des filets d'eau qui deviendraient des torrens sans les digues qu'il leur oppose, de même l'instituteur prudent s'applique à diriger les effets de l'harmonie. Il leur laisse éveiller la sensibilité, qui ne peut jamais produire que des résultats heureux ; mais il peut facilement éviter pour son disciple l'exaltation qui est l'abus de cette sensibilité, et l'envahissement des passions qui marchent à sa suite. Si l'instituteur n'y songe point, il manque à ses premiers devoirs : c'est à sa coupable insouciance, et non pas à l'influence de la musique, qu'il faut rapporter tout le mal.

Quant au désir de briller que suggère un talent musical plus que tout autre avantage acquis ou naturel, j'en reconnais toute la puissance, mais je n'y vois rien de dangereux. Quels que soient les succès d'une jeune virtuose dans le monde, la première femme venue peut les contrebalancer et les éclipser, si elle est belle ; car la beauté est, tout aussi bien que le talent et le génie, un don de Dieu. L'influence qu'elle exerce est bien autrement victorieuse que celle de la musique, et elle est mille fois plus dangereuse pour la femme qui en est le foyer que ces innocentes ovations obtenues à la faveur d'un morceau bien exécuté. En un mot, je ne vois rien là qui puisse exciter de sérieuses inquiétudes, aucun péril qui ne puisse être détourné ou vaincu par la sagacité de l'instituteur. On conçoit que, sous cette dénomination d'instituteur, je désigne les parens qui, sous le rapport de la morale, sont les dispensateurs naturels de l'enseignement dans leurs familles.

Parmi ceux de mes antagonistes qui s'opposent systématiquement à l'invasion du goût de la musique dans les classes inférieures, il en est qui n'appuient leur opinion que sur un seul motif : c'est qu'il y a profanation de l'art dans sa vulgarisation. Ils prétendent que la musique ne saurait devenir populaire qu'autant qu'elle serait abaissée à la portée de tous, et ils font un tableau effrayant des dégradations successives que subit nécessairement l'œuvre du génie, depuis la pensée créatrice qui le jette dans le moule d'une partition, jusqu'au travail grossier du manœuvre qui le démembre et le prostitue dans un orgue de Barbarie.

Loin de moi la pensée de vouloir populariser l'art au moyen du cornet à piston et de l'exécrable serinette que les vagabonds promènent dans les carrefours. Pour faire participer les masses aux bienfaits de l'harmonie, ce sont d'autres ressources qu'il faut employer, et, avant tout, c'est une éducation générale qu'il s'agit de commencer. Si j'ai parlé plus haut de l'influence que les concerts à bon marché pouvaient exercer à cet égard, il faut remarquer qu'en mettant un sceptre aux mains des illustres chefs d'orchestre Musard et Valentino, les hommes de la multitude, les Orphée de la petite propriété, je n'ai point prétendu me rendre solidairement responsable des audacieux perfectionnemens de l'un d'eux; car je ne reconnais pas que des chaises cassées, des coups de tromblon, des claquemens de fouets, et même des tintemens de cloches, soient des effets compatibles avec les progrès de la musique. Je m'efforcerais plutôt de tirer M. Musard de cette ornière de mauvais goût où le caprice de la mode l'a précipité; je voudrais pouvoir lui faire com-

prendre l'importance de sa mission
comme compositeur de talent, et lui démontrer qu'il serait plus profitable à sa
renommée de consacrer à d'utiles résultats le levier puissant que lui a départi la
faveur publique.

Entendons - nous bien une fois pour
toutes : je ne veux pas ravaler l'art jusqu'à l'intelligence défectueuse du prolétaire, mais je voudrais élever le prolétaire jusqu'à l'intelligence de l'art. Ce
n'est point en musicien animé de l'esprit
de corps que je parle, c'est en moraliste
et en philosophe , et je le fais parce que
je suis profondément convaincu que l'a-
mélioration des mœurs populaires est in-
timement liée avec le progrès de vulgarisation musicale. Je ne veux point produire ici d'argumentations scientifiques,

car je m'adresse à toutes les classes de lecteurs ; je me borne à défier les adversaires de mon opinion de me citer un genre de récréation qui, sous le rapport hygiénique aussi bien que sous ceux de la morale et même de l'économie, soit plus utile au peuple que celle de la musique ; et si je voulais considérer cette récréation sous un troisième rapport, celui des sympathies qu'elle éveille, il ne me serait pas difficile de prouver qu'en toute circonstance, son action a été aussi immédiate que générale et irrésistible.

Vous voulez que la musique, par un étrange privilège, demeure le délassement des hautes classes de la société qui la comprend à peine et qui ne lui accorde qu'une admiration bruyante, vaniteuse et peu sincère. Moi, je vous dis

qu'il n'est pas nécessaire d'être duc et
pair, ou agent de change, et d'avoir une
loge à l'Opéra, pour posséder un bon
sentiment musical. Le premier prolétaire
venu, s'il a l'usage de ses deux oreilles,
est apte, aussi bien qu'un fashionable du
balcon des Italiens, à juger sainement
une partition. Dans l'état où sont les
choses aujourd'hui, je ne dis pas qu'il
apprécierait convenablement une symphonie de Beethoven, la finesse de ses
détails et le luxe de son instrumentation.
Le prolétaire est encore emmailloté dans
les langes de la contredanse ; il savoure,
pour unique nourriture musicale , les
blandices du cornet à piston ; mais son
éducation serait plus facile à faire qu'on
ne croit : il ne faudrait que le vouloir,
et quelques Musard sagement répartis

dans les quartiers populeux de Paris et de la banlieue en feraient l'affaire.

Sous ce rapport, l'Allemagne me semble un peu plus avancée que la France. Voudriez-vous me dire quel est le but de ces nombreux festivals qui réunissent huit ou neuf cents musiciens d'élite dans une ville de peu d'importance ? Pensez-vous que ce soit pour l'amusement de la haute société de telle ou telle localité qui ne remplirait pas la petite salle de notre Conservatoire, lors même que la bourgeoisie ferait chambrée commune avec la noblesse ? — Non pas, s'il vous plaît ; ces grandes fêtes musicales sont instituées en l'honneur du peuple qui, dans ce pays-là, goûte la musique et l'analyse mille fois mieux que le plus fort de nos dandys musiciens de Paris.

En Allemagne, voyez-vous, le peuple, c'est-à-dire la population tout entière, juge l'œuvre d'un maître et la comprend, lors même que son exécution serait loin d'être satisfaisante. Entre le compositeur et son public, l'intermédiaire de l'audition est toujours sûr; car les Allemands savent bien faire la part de chacun, et celle du génie est toujours la première et la meilleure. Chez nous, c'est bien différent : pour qu'un ouvrage ait du succès, pour qu'il soit apprécié des connaisseurs, c'est-à-dire des trois ou quatre cents amateurs qui existent à Paris, il faut d'abord et avant tout que l'exécution en soit bonne. On applaudit le chanteur avant d'écouter ce qu'il chante, et quelquefois c'est une roulade bien perlée qui décide du sort d'une partition. En vérité, je parle d'éducation populaire , mais celle de nos soi-disant *dilettanti* aurait grand besoin de se retremper à l'étude de la nature et du vrai dont elle est si éloignée.

L'influence de la musique est susceptible de nombreux abus ; sa fusion dans nos mœurs peut avoir de mauvais résultats particuliers ; mais dans la discussion d'une question qui intéresse la masse des populations, il n'est permis d'envisager que les données collectives et les résultats généraux..... et notre opinion subsiste, comme dit M. Dacier.

l
r
t
é
d
l
es
er

CHAPITRE XII.

De la Musique de chambre.

Il est deux sortes de musique particulièrement à l'usage du peuple, dont
l'œuvre est à la portée de tous, et qui,
toutes deux, doivent concourir au bien-
être des facultés morales. L'un de ces
deux genres existe et nous l'avons ana-
lysé : c'est la musique d'église, dont le but
est d'exalter l'ame, de la disposer à la
contemplation et à la prière.

Le second genre de musique populaire,
c'est-à-dire de musique *usuelle*, si nous

pouvons nous exprimer ainsi, et qui s'identifie plus étroitement aux mœurs de la vie bourgeoise, c'est la musique de salon. Celui-ci n'existe, quant à présent, que par une sorte de corruption ou de dégradation de l'art : c'est le drame qui se réduit aux dimensions du cabinet, c'est l'orchestre qui se concentre et se volatilise dans les cases d'une guitare. Ce genre-là, suivant nous, est à créer tout entier ; il doit prendre le second rang dans l'importance des diverses catégories musicales, parce qu'après la musique d'église, son but et son effet sont d'agir sur le moral du peuple, et que son exécution est le partage des musiciens amateurs, c'est-à-dire des dix-neuf vingtièmes des musiciens, selon l'acception littérale de ce mot.

Nous disons que la musique de chambre n'existe pas, ou que du moins les œuvres qui sont à son usage spécial sont bien peu de chose. Aussi ne voulons-nous pas démontrer son importance actuelle, mais celle qu'elle pourrait acquérir, si les compositeurs lui accordaient une attention sérieuse et mesurée sur son influence possible.

De même que les théâtres ont leur spécialité, qui est le drame chanté, de même aussi que les concerts (nous employons ce mot dans sa signification véritable) ont en partage l'exécution orchestrée des oratorios et des symphonies, les salons ne devraient-ils pas avoir également un type de musique à exploiter ?

Pour ce qui concerne cette partie si intéressante du grand ensemble, il est évident que l'art est à l'enfance. Qu'entendons-nous tous les soirs dans ces salons, qui réunissent aux premiers artistes des théâtres certains amateurs qui les égalent et parfois les surpassent en moyens et en talens ? Sont-ce des morceaux composés pour ce genre de localités, des morceaux instrumentés tout exprès pour le nombre des voix qu'ils comportent, et dont les effets ont été calculés sur les moyens de l'exécution ?

Rien de tout cela.

Quelques chanteurs, entassés derrière un piano, vous donnent un pâle souvenir d'un fragment de drame. Les voilà placés dans l'alternative de paraître prétentieux et grimaciers, s'ils se rappellent un peu trop les effets de la scène, ou de sembler froids, s'ils se bornent à l'accentuation d'un chant passionné, que peu de gens savent apprécier. Leur exécution, par conséquent, se déhanche ; elle est toujours au-dessus ou au-dessous de la vérité.

Et encore nous parlons dans l'hypothèse où ces exécutans seraient choisis parmi ceux que nous venons de mentionner. Mais si, au lieu de ces musiciens d'élite, vrais artistes, quelle que soit leur condition dans le monde, vous êtes exposé, comme cela vous arrive en effet la plupart du temps, aux glapissemens ou tout au moins à l'incorrecte médiocrité de la tourbe des amateurs, que devenez-vous si vous entendez le beau duo de *Guillaume Tell*, le magnifique trio de *Robert-le-Diable*, ou le grave septuor des *Huguenots* exécutés par des voix tremblotantes, sans portée, sans énergie et sans justesse? Ne faites-vous pas malgré vous-même, entre ces pauvres gens et les véritables artistes, créateurs de ces compositions dramatiques, une comparaison qui excite en vous la miséricorde ou l'hilarité?

Et cependant, si ces amateurs ne s'efforçaient pas d'imiter une exécution dont ils ne sauraient produire qu'une pitoyable caricature; s'ils se bornaient à faire entendre des chants simples, taillés au patron de leur faiblesse, pour émettre des effets de mélodie gracieuse ou d'harmonie sans complication, on serait étonné des résultats satisfaisans qu'obtiendraient leurs modestes efforts.

Il est vrai que la cause du mal n'est pas seulement dans la vanité des amateurs; l'incurie des compositeurs laisse en friche

un terrain dont la fécondité n'attend,
pour faire surgir des trésors et des couronnes, que la superfétation de quelque
génie clairvoyant et consciencieux. Chose
étrange, dans cette époque d'encombre-
ment et de monopole! tous nos jeunes
compositeurs se ruent en désespérés dans
la carrière dramatique, où mille obstacles
se hérissent pour arrêter leurs premiers
pas; ils se disputent vainement l'entrée
d'une citadelle qui ne s'ouvre qu'à deux
ou trois patentés, et ils s'épuisent en
expédiens inutiles, lorsqu'en dirigeant
leurs travaux sur une exploitation neuve
et libre, ils pourraient obtenir des succès
faciles et profitables.

L'auteur de *François Ier à Chambord*,
et feu Gomis, ont déjà rencontré cette
idée; mais ils n'ont fait que l'effleurer,

dans ce sens qu'ils ont regardé comme transitoires les résultats heureux de leurs compositions de concerts. Cependant rien n'était plus important pour les progrès de cette classification de l'art que leurs excellens quatuors vocaux. Bien que l'arrangement de ces morceaux, ainsi que leur mélodie, fussent d'une belle portée, leur exécution, dépourvue des difficultés du dialogue et de la *fioriture*, les rendait abordables aux premières médiocrités venues, et n'avait besoin, pour obtenir de surprenans effets d'ensemble, que d'un soin et d'une correction praticables pour tout musicien qui veut bien s'astreindre à des répétitions suffisantes et bien surveillées.

Ces morceaux d'ensemble, connus d'un trop petit nombre de vrais amateurs, sous le titre de *Concerts de famille*, de l'*Inverno* et de la *Camera*, feraient la fortune des soirées musicales publiques et particulières, qui éviteraient, en les montant, l'écueil que nous avons signalé plus haut, et qui de plus y gagneraient l'avantage de pouvoir offrir à l'attention d'un public difficile et blasé des jouissances toutes neuves.

Les romances et les nocturnes, dont le débordement noie les premières pousses de l'arbre musical, seraient aussi d'une assez bonne ressource pour les réunions au piano, si l'immense majorité de ces morceaux n'était pas de nature à pervertir le goût des dilettanti de second ordre. La facilité de ces sortes de compositions les rend malheureusement accessibles à toute espèce de talent productif.

Si quelqu'un d'entre eux obtient un succès qui le mette hors de ligne, aussitôt il
l'exploite en coulant dans la circulation
une vingtaine de refrains qui n'ont d'autre recommandation que le nom de l'auteur, recommandation puissante sur la
foule, et qui abuse les esprits au préjudice de nos oreilles.

Lorsqu'apparut dans les concerts publics la ballade du *Moine*, l'une des créations les plus puissantes d'un génie hors
de ligne, nous espérions que le grand et
légitime succès de cette belle production
encouragerait les compositeurs à suivre
le sillon tracé par cette main hardie. Mais
ce fut un appel qui resta presque sans
écho, si on excepte le *Christ au mont des
Oliviers*, l'un des meilleurs fragmens modernes de musique religieuse, le *Mi-*

serrimus, beau et grave oratorio en quelques strophes, de M. Barault de Saint-André, et la pâle scène du *Renégat*, où M. Donnizetti avait introduit un motif de contredanse, sans doute pour faire pendant au diabolique et formidable trois-quatre qui termine le *Moine*.

Malheureusement le *Christ* et le *Miser-rimus*, dus aux génies encore adolescens de deux amateurs, ont été froidement accueillis par la presse, qui aurait dû non seulement des encouragemens, mais de justes éloges à ces jeunes hommes de talent, car ces compositions (la seconde surtout) sont profondément empreintes d'un cachet d'originalité bien rares; la poésie biblique y respire dans sa simplicité majestueuse, et l'expression des paroles est rendue avec un bonheur et une fidélité remarquables.

Mais ce ne sont là que des airs ; ils ne sont point à la taille des voix de basses qu'on entend dans les concerts particuliers. Ils ne sont point arrivés à la connaissance des masses, parce que, d'une part, la gravité de leur sujet, dépourvue des peintures dramatiques qui flamboient dans le *Moine*, a peu excité de sympathies dans le public frivole des salons, et, en second lieu, parce qu'ils n'ont pas eu, comme le *Moine*, des interprètes tels que Levasseur et M. de Géraldi.

Et puis, comme nous le disions, ce ne sont là que des airs. Or, ce qu'il faut à la musique de chambre, ce sont des morceaux d'ensemble, des scènes à trois ou quatre voix, contexturées, quant aux paroles et à la musique, pour un salon et non pour un théâtre, pour un accompa-

gnement de piano et non pas d'un orchestre réduit aux dimensions d'un seul
instrument.

Voilà une mine féconde en richesses, voilà une carrière facile et jonchée de fleurs !
Les jeunes compositeurs trouveraient
d'immenses avantages à y appliquer leurs
talens naissans, car les succès qu'ils pourraient y moissonner les feraient nécessairement sortir du cercle vicieux qui leur
ferme l'entrée des théâtres, où les musiciens ne peuvent être accueillis d'une
manière profitable aux administrations
qu'après des essais qui jusqu'à présent
ont été à peu près impossibles.

Du reste, ce serait une erreur de croire
que la création d'une musique spéciale
pour les salons soit de nouvelle invention.
Les Allemands ont depuis longtemps ex-

ploité cette idée, qui n'a pas peu contribué sans doute à répandre dans toutes les classes de la nation le goût, l'intelligence de l'art et ce précieux instinct musical, si commun dans le nord de l'Europe et si rare jusqu'à présent en France.

La gravité germanique fait peu de cas des romances, et ne les admet que comme des hors-d'œuvre sans conséquence dans les moindres réunions ; mais, comme elle prend la musique au sérieux et qu'elle y cherche rarement le mot pour rire, elle laisse pour l'ordinaire les sémillantes productions dramatiques à leur place naturelle, qui est le théâtre, et elle se complaît dans les salons à l'exécution des oratorios et de sévères morceaux d'ensemble, tels que le *Messie* de Handel, le *Christ au mont des Oliviers* de Beethoven,

et tant d'autres fragmens dont la réputa-
tion n'a pas eu besoin du secours de la
scène pour devenir européenne.

Et puis, il ne faut pas se dissimuler
que l'éducation musicale des amateurs
reste presque tout entière non pas à faire,
mais à recommencer, ce qui est bien pis.
Le but de chaque élève, en prenant un
maître de vocalise, c'est d'arriver à chanter un air le plus convenablement possible : si les prétentions de l'élève ne vont
pas jusqu'à l'air, ce qui est fort rare, elles
se bornent à la romance ; mais son des-
sein bien arrêté est de parvenir à chanter
seul. Or, le solo, quel qu'il soit, ne comporte pas la médiocrité. Tel talent d'un
ordre infiniment secondaire, qui excite
notre impatience ou notre pitié dans un
air au-dessus de ses forces, ferait peut-

être un très bon effet dans un quatuor. Nous avons connu pour notre part des basses chantantes qui s'étranglaient dans certains passages pour faire sonner des cordes hautes, aigres et criardes, et qui auraient été placées à merveille dans un morceau d'ensemble, dont elles auraient parfaitement soutenu l'harmonie.

Tous ces gens-là manquent leur but en s'isolant pour chercher le succès. Si, au lieu de livrer leur médiocrité seule et désarmée devant le public railleur des salons, ils s'adjoignaient trois autres fractions de talent pour exécuter quelque morceau d'une portée facile, reposant dans les combinaisons de l'harmonie, soyez sûr que ces quatre voix, n'eussent-elles d'autre mérite d'exécution que la netteté qui résulte d'études convenables, obtiendraient plus de succès dans la foule qu'une seule belle voix exécutant avec distinction un air que vous avez entendu au théâtre, en retenant dans vos souvenirs les traditions du chanteur qui l'a créé et qui sont autant de préjugés défavorables à tout autre exécutant.

Mais il serait facile de modifier les habitudes des amateurs et de les tirer de la routine où ils épuisent en stériles efforts, et sans résultat pour l'art, ce que la nature et l'étude leur ont départi de moyens et de talent. Il ne faudrait pour cela qu'un caprice du monde élégant qui mettrait en vogue un seul morceau d'ensemble.

Espérons qu'un jour le vent de la mode soufflera de ce côté-là. Ses produits sont éphémères sans doute, mais quelquefois ses frivoles fantaisies éveillent des idées qui germent, et qui, dans leur maturité, prennent leur place dans le répertoire de l'art qu'ils ont doté d'un progrès.

CHAPITRE XIII.

Des jeunes Compositeurs de musique.

Nous avons examiné toutes les parties de la vocale dans son matériel et dans son esthétique. Notre travail ne serait pas complet si nous négligions la composition musicale qui est au chant ce que la terre est aux moissons.

Nous ne prétendons point aborder la composition pour en examiner l'essence comme nous l'avons fait relativement au chant. Mais en laissant de côté la science elle-même dont le moindre résumé nous

conduirait trop loin, nous nous occupe-
rons des jeunes hommes qui la professent
et nous mettrons en lumière les abus
dont l'exercice nuit le plus à l'art et aux
artistes.

Le monopole des théâtres, pour ce qui
concerne la représentation des ouvrages,
a jeté de profondes racines. C'est un obstacle qui brise les efforts du génie adolescent, et qui livre la scène aux combinaisons industrielles d'un certain nombre
de grands hommes patentés, dont là liste
dûment arrêtée par chaque directeur de
théâtre, demeure à peu près invariable.

C'est une sainte-alliance dramatique,
une ligue de talens faits contre les talens
à faire, une opposition de doctrines re-
çues contre les conceptions à naître, une
lutte victorieuse du passé contre l'avenir.

De là, stagnation dans les progrès réels de la scène, disette d'ouvrages énergiques et saillans , inondations de médiocrités plus ou moins correctes qui submergent chaque mois les théâtres, et qui doivent leurs succès éphémères, moins à leur mérite qu'à la faiblesse des ouvrages qui leur servent de points de comparaison.

Ce que nous disons ici concerne tous les théâtres sans aucune exception ; c'est pour chacun d'eux une plaie à fermer. Le mal est grave, sans doute; si grave que l'administration a plus d'une fois reculé devant les obstacles que sa destruction présente. Mais il faut le dire, l'intérêt personnel a été le plus réel et le plus difficile à vaincre ; et il le sera toujours, à moins que la main puissante du gouvernement, la seule qui puisse entreprendre les améliorations qu'exige cette partie si négligée des beaux-arts, ne porte la hache au milieu des abus.

Si nos conseils avaient quelque autorité près de l'administration, nous nous efforcerions de lui inculquer nos convictions artistiques; nous essaierions de lui faire envisager, dans sa haute mission, un point de vue oublié jusqu'à présent. Nous lui demanderions des secours pour les talens qui mûrissent en s'étiolant dans l'ombre, son appui pour les placer au jour qui leur convient, sa protection pour leurs essais contre les efforts du monopole. L'accomplissement de ces nouvelles attributions serait une noble tâche à remplir, et les moyens ne manqueraient pas du moment où l'administration voudrait les obtenir. Notre projet n'est point de les lui indiquer pour ce qui concerne les théâtres où la musique n'est pas une condition de succès ; mais quant aux trois scènes lyriques, et en particulier l'Opéra-Comique, nous croyons pouvoir consigner ici quelques observations dictées par une expérience pratique.

Depuis quinze ou vingt ans, le gouvernement fait les frais d'une école de composition ; plusieurs professeurs de contrepoint et d'harmonie sont chargés, au Conservatoire de musique, d'instruire et de perfectionner une vingtaine d'élèves, dont ils exercent le talent, sinon l'imagination. Puis, lorsque l'Institut a choisi, parmi les plus avancés d'entre eux, celui qui réunit au plus haut degré les conditions requises par les règlemens pour constituer le génie, il arrive que le lauréat, après

une petite ovation préalable et sans conséquence, est envoyé à Rome pour y
chercher, pendant trois ans, des inspirations musicales, à raison de trois mille
francs par an, sans compter les frais de
voyage. Cette subvention lui est conser-
vée, à son retour à Paris, pendant deux
années encore, attendu que cet espace de
temps a très judicieusement paru nécessaire pour laisser au jeune compositeur
celui de tirer un parti quelconque de son
éducation musicale.

Comme chaque année voit inévitablement éclore un chef-d'œuvre de contrepoint au concours général, il en résulte
que le gouvernement dépense annuellement quinze mille francs pour cette des-
tination. En ajoutant à cette somme les
frais et les faux-frais de concours, de

séquestration en loge, d'exécution musicale et de voyage, un obtient un total qui
ne peut être au-dessous de vingt mille
francs.

Maintenant additionnons ces dépenses
annuelles depuis l'époque où le gouvernement les a instituées, nous trouverons
qu'elles se montent à six cent mille francs
au moins ; statistique effrayante en considération des minces résultats obtenus par
de si généreux sacrifices !... Et encore il
faut remarquer que nous ne comprenons
pas dans ce chiffre le traitement des professeurs d'harmonie, de contrepoint et de
perfectionnement, attendu que l'utilité
de leurs fonctions est une chose reconnue
et d'ailleurs étrangère à la question que
nous traitons ici.

Comptons à présent les compositeurs

qui ont été à Rome, et dont les ouvrages grossissent le répertoire de nos théâtres lyriques.

Si on en excepte feu Hérold, dont le génie a bravement surmonté tous les dégoûts qui l'ont abreuvé pendant les premières années de son noviciat au théâtre, et M. Halévy, auteur de la *Juive*, que nous restera-t-il à compter?.... presque rien.

Le reste des infortunés lauréats grossit le nombre des professeurs de piano ou des musiciens d'orchestre. MM. Paris, Ermel, Guiraut, Despréaux, Barbereau, Guillon, Gasse, Rifaut, Leborne, Boëli, Batton, etc., tous compositeurs d'un mérite plus ou moins recommandable, sont dans ce cas.

Il était question d'imposer à la direction du théâtre royal de l'Opéra-Comique, l'obligation de monter annuellement un ouvrage composé par un pensionnaire du gouvernement. L'administration des beaux-arts, en admettant cette idée, se proposait de combler une lacune dans les règlemens relatifs à cette partie ; elle voulait réparer une omission qui rend inutiles tous les sacrifices dont nous venons de parler. Nous ne savons pas ce qui a été fait à cet égard, et peu nous importe, car les louables intentions de l'autorité n'auraient pas les résultats espérés, l'abus ne disparaîtrait pas entièrement, puisque cette mesure ne serait profitable qu'aux lauréats à couronner ; et encore, elle ne pourrait point assurer leur avenir, attendu qu'elle n'ordonnerait que la représentation d'un seul ouvrage, et qu'une chute lui fermerait la carrière.

Quant aux anciens pensionnaires qui n'ont pas été ou qui ont été mal essayés, ce projet les abandonnerait irrévocablement au travail de l'orchestre, aux chances du cachet, et rendrait sans objet les cinq cent mille francs dépensés pour leur éducation.

Ne serait-il pas temps d'entrer dans des voies plus larges, et d'abandonner ce système de protection particulière, qui est fatal aux artistes, parce qu'il ne porte que sur un certain nombre le patronage dû à tous, et parce que ce patronage, organisé par des règlemens surannés, entrave, pour les privilégiés eux-mêmes, les élans du génie, et jusqu'aux progrès de l'éducation musicale. Que la carrière soit réellement ouverte au mérite, voilà la seule condition de prospérité pour les arts.

Que les compositeurs de musique (lauréats ou non) trouvent accès au théâtre ! Qu'ils soient essayés, non par des directeurs qui n'entendent rien à la musique, ou par des compositeurs qui ont un intérêt matériel à éloigner toute rivalité, mais bien par le public, seul juge infaillible, impartial, désintéressé, lorsqu'il est véritablement *public*.

Quant aux moyens d'arriver à ce jugement, il est simple : il n'exigerait nuls frais de représentation, il serait profitable à la direction de l'Opéra-Comique, et il piquerait la curiosité du public. Voici notre idée :

Nous voudrions qu'on instituât, dans le théâtre Favart, une fois par semaine, ou même par mois, un concert vocal et instrumental, dans lequel en ferait entendre, au moyen d'une excellente exécution, des fragmens d'opéras, des ouvertures, des airs, des duos et des morceaux d'ensemble, composés par les jeunes musiciens qui travaillent pour le théâtre. Ces concerts, dont la durée serait de deux heures au plus, pourraient être amenés par des intermèdes, qu'on varierait, et qu'il serait possible de rendre aussi piquans qu'un poème d'opéra-comique. Les morceaux seraient examinés par une commission formée par les jeunes compositeurs, qui auraient un intérêt incontestable à ce qu'on n'exécutât aucun fragment indigne de l'attention du public, et cette exécution pourrait être confiée, tant aux artistes de Feydeau, qu'aux artistes ne faisant point partie de ce théâtre, et dont les jeunes compositeurs obtiendraient facilement le secours.

De cette manière, on apprécierait enfin tous les talens oubliés et inconnus ; on les essaierait, non pas une fois, mais souvent ; le public ferait justice de la médiocrité , mais le mérite réel y trouverait sa pierre de touche, et peut-être découvrirait-on dans cet examen général et consciencieux plus d'un diamant enfoui dans la poussière des mansardes, plus d'un génie que l'obstacle aurait impitoyablement flétri dans sa primeur. D'un autre côté, les jeunes artistes qui échoueraient dans leurs essais, sauraient en peu de temps à quoi s'en tenir sur leur propre mérite ; ils ne pourraient plus excuser une persévérance infructueuse par le défaut d'audition , et après avoir acquis la conviction de leur incapacité, il serait encore temps pour eux d'aborder une autre carrière. Tel compositeur qui a dépensé quinze ou vingt ans de sa vie à faire des études, sans résultats possibles, eût fait un excellent mécanicien.

Pour ce qui concerne les moyens d'exécuter ce plan, il y a peu ou point de difficultés. Du moment où l'autorité fera connaître à M. le directeur de l'Opéra-Comique ses intentions à ce sujet, il s'empressera nécessairement de les adopter, parce qu'il doit avoir à cœur de justifier, par tous les moyens possibles, la protection que le gouvernement lui accorde. Nous ne voulons pas dire pour cela qu'il reconnaîtra l'opportunité de notre idée, car son intérêt personnel le met en opposition avec celui des jeunes compositeurs. Que lui importe l'avenir de la musique? C'est le présent seulement qui fait le sujet de ses soucis quotidiens. On le comprend de reste ; mais on comprend aussi que si le directeur a raison de fermer son théâtre aux essais toujours peu productifs, les jeunes musiciens, de leur côté, n'ont point tort de vouloir être essayés. Entre ces deux intérêts opposés, il y a tout un abyme, et cet abyme c'est l'intérêt de l'art lui-même, que les anciens règlemens n'ont pas assez consulté.

L'utilité de ce projet n'a pas besoin d'être plus longuement démontrée, puisqu'elle touche à l'évidence. Il ne faut que prendre la peine de l'examiner.... C'est là qu'est la chance.

Quant aux prix de Rome , pourquoi négliger l'occasion de proclamer une bonne vérité. Le prix est inutile, le voyage est nuisible, la pension n'est bonne qu'à manger dans les loisirs d'une sinécure ; car il est bien convenu que, par le temps qui court, cinq années forment un avenir fort honnête.

Le prix est inutile, parce que la seule récompense digne des travaux d'un artiste, c'est la gloire du succès. Le public seul tresse les couronnes durables, et non pas les coteries (il en existe à l'Institut de France comme ailleurs, attendu que «pour être immortel on n'en est pas moins homme »).

Le voyage à Rome est nuisible à l'art. Il est l'effroi de l'artiste, qui ne s'éloigne du grand foyer des nouveautés et des merveilles que pour l'acquit de sa pension ; il engloutit trois années de sa vie dans l'oisiveté la plus compacte ; il écoute, en Italie, quelques partitions médiocrement exécutées ; il compulse dans la bibliothèque de l'Académie quelques vieilles rapsodies de Tinctor ou de Gaffoiio, qui pourraient tout au plus lui servir à monter des concerts historiques. Puis, le pauvre diable de pensionnaire revient en France avec des idées antédiluviennes ; il est en retard d'une révolution musicale ou deux. Il lui faut au moins deux ans pour se refondre à nos mœurs, à nos goûts, à nos exigences ; et quand il y parvient (s'il y parvient) sa pension lui glisse entre les doigts ; il tombe dans les oubliettes de la nécessité qui le condamne aux travaux que nous avons dits : orchestres et cachets.

Et enfin la pension elle-même... Nous ne disons pas qu'elle est inutile ; une pension vient toujours à propos ; mais elle n'a d'autres résultats que d'alimenter la paresse, ce qui ne profite pas même au pensionnaire qui ne jouit d'une aisance momentanée que pour déplorer avec plus d'amertume la pénurie qui succède inévitablement à cette époque de jubilation.

Quod erat probandum.

CHAPITRE XIV.

Critique du Chant.

Après avoir parlé des compositeurs dont le génie est comme la source du chant, et dont la destinée se reliait naturellement aux considérations qui ont dicté cet ouvrage, il serait peu logique de garder le silence sur les résultats de l'art, considérés comme opposition au point de départ.

Ces résultats consistent dans les arrêts du public, qui ne se traduisent plus en applaudissemens, depuis que les claqueurs ont été inventés et que les bouquets sont devenus la formule du zèle et de l'amitié appliqués à la fortune des artistes. Ces arrêts à peu près interdits au public en masse ont pour seul interprète la critique. Nous allons examiner ses moyens d'action.

J'ai souvent cherché les causes de cette assurance téméraire avec laquelle les gens les plus étrangers à l'art du chant, et quelquefois à la musique elle-même, jugent les voix et les chanteurs.

Je me trouvais un jour (il y a longtemps de cela, mais le souvenir m'en est toujours resté, et je ne suis pas fâché de trouver l'occasion de le consigner ici), je me trouvais un jour à l'Opéra avec un journaliste de province, amateur passionné des arts, au point de vue où on les

professe à Quimper-Corentin, et con-
naisseur de profession. Il faut remarquer
que le feuilletonniste départemental est
dépositaire de toutes les spécialités que
se partagent, dans deux ou trois bons
journaux de Paris, dix rédacteurs qui
raisonnent chacun sur la matière en rapport avec ses connaissances. Il juge tout,
il apprécie tout : la politique, la littérature, l'industrie, les arts ; c'est un homme
universel qui sait tout sans avoir rien appris, comme le Mascarille des *Précieuses
ridicules*, et qui impose son opinion à
toute une localité.

La *Muette de Portici* était alors dans sa
primeur ; mon pauvre Nourrit, ce fou
sublime qui devait un jour expier sa
gloire toute française sur les pavés de la
flasque Italie, chantait à ravir son beau

rôle de Mazaniello, l'une des plus char-
mantes créations d'Auber. Mon feuilletonniste ne m'avait encore dit que deux
ou trois bêtises que j'ai depuis longtemps mises en lumière en les dorant sur
tranche, ailleurs que dans ce livre.

Aux premiers sons que posa Nourrit et
qui dès la seconde mesure arrêtent vive-
ment la tonalité du morceau, mon amateur se tourna gravement de mon côté :

— Il l'a pris trop haut, me dit-il en se
tordant mystérieusement la bouche, afin
de n'être entendu que de moi seul..... il
n'achèvera pas le morceau.

L'amateur s'imaginait apparemment
qu'un chanteur d'opéra choisit son ton,
comme les aimables convives qui chantent un petit air pour faire preuve de
complaisance au dessert.

Plus récemment un autre monsieur me disait à l'Opéra-Comique, pendant l'ouverture du *Pré aux Clercs* :

— Ce qui me plait dans cette charmante musique, c'est que les instrumens sont parfaitement distincts les uns des autres.....

Il est vrai que l'orchestre, alors sous la conduite du second chef qui conduit fort peu, semblait tellement indiscipliné, que chaque instrument, peu soucieux de l'ensemble, entrait à son tour dans la mesure et se dessinait individuellement avec une netteté désespérante.

Comment se fait-il que chacun se croie le droit d'asseoir un jugement sur une science aussi positive que celle du chant en particulier et de la musique en général? Comment de bons esprits qui se garderaient bien d'émettre le moindre avis sur une équation du premier degré, ni sur la plus simple démonstration du second livre de la géométrie, tranchent-ils sans le moindre scrupule dans les questions beaucoup plus compliquées de l'harmonie, ou dans les théories de la vocale ?

— C'est que, me disait l'un de nos plus spirituels compositeurs, la voix est un instrument dont tout le monde joue tant bien que mal.

Il faut bien que cela soit, et le même motif qui improvise tant de maîtres de chant fait aussi des juges à la minute.

Dans tel journal quotidien et bien répandu, le rédacteur chargé des théâtres lyriques vient-il à s'éloigner, ne croyez pas que la direction songe à confier son travail à quelque homme spécial qui parlerait de l'art avec connaissance de cause ; non pas : le plus ancien rédacteur, musicien ou non, prend sa place et raisonne pantoufle le plus agréablement du monde. Au lieu de faire de la critique un sacerdoce, une magistrature capable de diriger l'art dans la bonne voie et d'arrêter parfois les fougueux écarts des artistes, l'écrivain qui les juge à tort et à travers, revêt inutilement la peau du lion pour inspirer de la terreur, l'oreille de l'âne perce à travers le déguisement. Perrin-Dandin est baffoué par les plaideurs et les meilleurs moyens d'action qui pourraient être employés pour guider toute une classe d'hommes, naturellement rebelles aux conseils de la critique, se trouvent perdus ou tout au moins gaspillés par la faute de la prétentieuse ignorance de quelques pédans de la presse.

J'ai vu des feuilletonnistes, fort mauvais juges en musique, hommes d'esprit d'ailleurs, convenir tout bonnement qu'ils n'avaient jamais fait une gamme de leur vie, et soutenir une proposition assez bizarrement paradoxale : c'est qu'il n'est nullement besoin d'être musicien pour apprécier la musique. Comme c'est une opinion qui ne manque pas de prosélytes (de prosélytes ignorans, cela va sans dire), je ne crois pas inutile d'en démontrer ici toute la fausseté.

Il est juste de dire que la musique de théâtre s'adresse aux masses et non pas à un certain nombre d'auditeurs instruits; on ne saurait dès lors nier que chacun a le droit d'avoir un avis et de l'énoncer; mais pour que cette énonciation soit acceptable, pour qu'elle ait quelque poids, même aux yeux d'un critique expérimenté, il faut que la formule en soit aussi naïve que la sensation qui l'a dictée. Il faut aussi qu'elle soit succincte et qu'elle se borne à exprimer l'effet produit, car du moment où elle recherche les causes, elle entre dans le domaine de la science et elle se dénature.

Avec un peu d'esprit comptant il ne serait pas impossible de faire des feuilletons passables sur cette matière scabreuse, sans tomber dans le ridicule qui s'attache aux jugemens erronés et prétentieux. Mais un journaliste peut-il se poser autrement qu'en juge? Il faut qu'il dogmatise, qu'il fasse bon gré mal gré de la doctrine ; il faut qu'il donne ses conseils aux compositeurs qui s'en moquent et aux chanteurs qui n'en ont que faire ; pour peu que ledit journaliste manque d'esprit tout aussi bien que d'érudition (ce qui s'est vu), il résiste difficilement à la tentation d'employer par-ci par-là quelque mot technique dont il croit se rappeler le sens. Or, la langue de la science est d'une netteté désolante ; chacune de ses expressions a sa définition mathématique et dont l'emploi ne saurait être détourné sans qu'il en résulte une erreur grossière. Les artistes qu'on prétend ainsi morigéner renvoient leurs juges à l'école, et ils n'arrivent que trop facilement à se passer des avis de la critique dont l'effet pourrait être si profitable à l'art tout aussi bien qu'aux individus.

C'est ici l'occasion de placer une de ces vérités que tous les hommes compétens respectent, mais qui sont parfaitement ignorées par messieurs du feuilleton. Je dis qu'il est impossible à un compositeur de juger sainement à la première audition l'ensemble et les détails d'une partition de quelque intérêt ; son attention ne peut porter que sur les masses et sur les effets généraux, sauf certains passages où la marche des accords peut offrir des incidens extraordinaires, une contexture inusitée. Le musicien le mieux exercé ne peut, après une première épreuve, parler que de ses sensations ; mais il ne saurait établir son jugement sur les motifs qui doivent le rendre respectable, car ces motifs ne se révèlent à lui que lorsqu'une connaissance approfondie de l'œuvre lui a rendu lucides et distincts tous ces innombrables détails d'une partition, toute cette ordonnance de style et d'idées qu'une exécution rapide fait papilloter dans le principe.

Et, si un harmoniste consommé se défie de son jugement, au point de subir deux ou trois répétitions générales afin de pouvoir apprécier convenablement les effets de la première représentation dont il rendra un compte prudent et modeste, comment voulez-vous qu'un feuilletonniste, pur et simple littérateur qu'il est, puisse remplir dignement, sans aucune étude préalable, une tâche dont il ne soupçonne seulement pas la difficulté.

Cependant c'est ainsi que toutes les partitions sont jugées : on tire à vue de nez et à vol d'oiseau sur de pauvres ou-

vrages qui ne justifient qu'au hasard l'a-
venir prédit à leur carrière, sur de malheureux chanteurs qu'on porte aux nues
pour les laisser retomber un peu plus tard
dans un abyme de nullité, ou qu'on écrase
d'abord pour les admirer ensuite.

Quoique je ne sois point partisan de la
routine, je n'accepte point non plus les
innovations sans un mûr examen. J'ai dû
reconnaître que la musique était en progrès, quant aux formes dont on l'entoure
et à ses moyens d'exécution (en obser-
vant toutefois que ces formes et ces
moyens ont besoin de se dégager des abus
qui les déparent encore). Mais si je rends
cette justice aux progrès de l'art, il m'est
impossible de fermer les yeux sur la décadence et sur l'avilissement de la critique,
son indispensable auxiliaire.

Autrefois (je parle de quinze ou vingt ans), la critique s'exerçait comme toutes les professions honorables, avec talent et probité. Le feuilletonniste alors n'aurait point osé mettre la plume à la disposition des petites passions étrangères à l'art, et trahir son mandat pour donner un témoignage de bienveillance à tel théâtre, à tel artiste, qui eussent mérité toute sa sévérité. Il respectait sa mission parce qu'il en comprenait l'importance et la responsabilité.

Mais aujourd'hui que les journaux quotidiens et les revues, en se multipliant à l'infini, ont divisé dans la même proportion pour leurs feuilletonnistes cette importance et cette responsabilité, chacun d'eux trouve sa puissance tellement restreinte qu'il en fait bon marché pour lui comme pour les autres. On se livre sans remords à l'influence de la camaraderie, on trouve excellent tout ce qui est détestable. Et pourquoi non? Cela fait-il du mal à quelqu'un? — A quelqu'un, non; mais à l'art, oui, car le succès est maintenant une chose tellement insaisissable, tellement banale, on intronise tant de chefs-d'œuvre, tant de grands hommes, qu'il faut aujourd'hui qu'un auteur ou un artiste ait bien du malheur s'il n'est pas une fois au moins déclaré sublime par des écrivains qui lui cassent les dents à coups d'encensoir, sans le moindre scrupule pour leur propre renommée dont, au reste, personne ne prend souci.

J'ai signalé le mal; tout le monde (excepté les feuilletonnistes) conviendra que je n'ai rien exagéré. Le remède est bien simple : il s'agirait seulement de remplacer par des écrivains spéciaux les littérateurs qui parlent sans rime ni raison de ce qu'ils ne connaissent point. Mais de longtemps les directeurs de journaux, qui ne s'inquiètent guère de l'art et de son avenir, n'aviseront à une mesure si naturelle, si désirable, si facile à exécuter.

Epilogue.

Je comprends mieux que personne
l'insuffisance de mon travail sur une
matière aussi vaste, aussi importante,
aussi versatile que l'art du chant. Ce ne
sont pas les matériaux qui me manquaient,
Dieu merci ; mais l'espace, et, il faut bien
le dire aussi, le courage.

En portant le premier une main hardie
sur les abus qui gênent la marche pro-
gressive de l'art, et qui alimentent, au
détriment de la masse, un certain nombre
d'hommes intéressés à la gravitation de
la routine, je ne me suis pas dissimulé les
obstacles d'une pareille entreprise. J'ai

pensé que l'attaque devait être concise et nettement formulée, sauf à la reproduire en donnant à mes propositions tant soit peu audacieuses l'appui d'une argumentation complète, en joignant à mes préceptes la force morale des exemples, en donnant enfin à mes théories tout le développement dont elles ont besoin pour être convenablement appréciées.

Mon travail n'est et ne pouvait être qu'un résumé succinct, un rapide aperçu d'études sérieuses et profondes qui se continueraient avec fruit sur le terrain de la controverse, car c'est du choc des idées que jaillit la lumière de la science.

Venez donc, professeurs improvisés, dont la méthode est de n'en pas avoir; vous aussi, maîtres de piano, de violon et de guitare, qui prétendez qu'on peut montrer aux autres ce qu'on n'a pas appris soi-même; et vous enfin, qui, sans être pianistes, ni violonistes, enseignez le mécanisme de cet instrument difficile qu'on nomme la voix, sans en avoir quatre notes à votre disposition: venez combattre l'opinion que j'ai formulée sur votre industrie. Mais ne rétorquez pas les règles par les exceptions; répondez catégoriquement à l'énonciation d'un principe contraire.

Car, que dit le proverbe? « Les exceptions assurent la règle. » Il n'est point de doctrine, si pure, si universellement établie qu'elle puisse être, qui ne comporte quelques rares déviations à l'ordre qui fait sa force. Les lois de la nature elles-mêmes ont parfois des interruptions qui ne sauraient en altérer l'harmonie générale.

Ici j'éprouve le besoin de rappeler à mes lecteurs qu'un traité de chant, comme de toute autre matière sujette à la dissertation, s'adresse aux masses, et non pas à tel ou tel individu. Paris, comme on l'a dit souvent, est la ville des merveilles; c'est aussi le centre des anomalies les plus étonnantes. Vous y voyez des peintres distingués qui exécutent leurs tableaux avec leurs pieds, et dont la touche, au dire des connaisseurs, a toute la grâce et la correction désirables. Les chefs d'école n'en recommandent pas moins à leurs élèves de se servir de leurs mains, quand ils en ont; et en cela, leurs préceptes semblent à l'épreuve de la contestation.

De même qu'on voit d'excellens tableaux confectionnés avec un simple orteil et des sourds-muets réciter fort agréablement des fables de La Fontaine, on rencontre aussi des professeurs de chant qui, à force d'études analytiques, sont parvenus à découvrir tous les mystères d'une science que leurs sens ne sauraient expérimenter ; qui est pour eux, par conséquent, ce qu'est la couleur aux aveugles, et qui, en un mot, sans avoir jamais chanté, font chanter correctement leurs élèves. Il en est d'autres qui sont nés *soprani* et qui dirigent avec habileté les études des basses-tailles qui se fient à leur expérience. Je connais toutes ces exceptions ; je les admire sincèrement et d'autant plus que les individualités qui les exercent ont dépensé pour arriver à de passables résultats deux fois plus d'efforts qu'il ne leur en aurait fallu pour devenir des peintres célèbres ou de savans mathéma-

ticiens. Mais je persiste dans mon dire :
Je demande pour chaque spécialité des
enseignemens spéciaux ; je demande de
bons sujets (c'est-à-dire des sujets munis
de bonnes dispositions) pour nos excellentes écoles de Paris ; je demande des
écoles départementales pour remplacer
les maîtrises ; je demande une institution
royale de musique religieuse, pour combler une lacune importante qui fait boîter
l'art et rend tous progrès impossibles ; je
demande des inspecteurs de chant en
France; non point des inspecteurs hono-
raires, comme Rossini et Paër qui ins-
pectaient fort peu de chose, mais des
agens sérieusement chargés d'examiner
les ressources matérielles de la vocale,
qui s'éteint peu à peu et qui disparaîtra
bientôt, si l'on n'y prend garde.

Voilà bien des exigences ; quelle sera leur destinée ? Je l'ignore, mais j'en remets avec confiance l'examen aux hommes de bonne foi, s'occupant de l'avenir des arts avec le zèle et le désintéressement qui seuls constituent le bon juge en matière de doctrine musicale.

FIN.

TABLE.

—

PREMIÈRE PARTIE.

DEUXIÈME PARTIE.

TROISIÈME PARTIE.

www.ingramcontent.com/pod-product-compliance
Ingram Content Group UK Ltd.
Pitfield, Milton Keynes, MK11 3LW, UK
UKHW020237180726
13839UKWH00001B/25